코바늘로 뜨는
귀여운
손뜨개 인형

코바늘로 뜨는 귀여운 손뜨개 인형

1판 1쇄 2022년 3월 25일

지은이 로렌 에스피
옮긴이 이소운
감수자 박상숙
펴낸이 하진석
펴낸곳 참돌

주 소 서울시 마포구 독막로3길 51
전 화 02-518-3919
팩 스 0505-318-3919
이메일 book@charmdol.com

ISBN 979-11-88601-53-0 13630

＊이 책 내용의 전부나 일부를 이용하려면 반드시 저작권자와
  참돌의 서면 동의를 받아야 합니다.
＊책값은 뒤표지에 있습니다.
＊잘못된 책은 구입하신 곳에서 바꾸어 드립니다.

WHIMSICAL STITCHES
Copyright ⓒ Lauren Espy Originally Published 2018 in the USA by Blue Star Press.
All rights reserved

Korean translation copyright ⓒ 2022 by CHARMDOL
Korean translation rights arranged with AKA LITERARY MANAGEMENT through EYA (Eric Yang Agency).

＊이 책의 한국어판 저작권은 EYA (Eric Yang Agency)를 통해
  AKA LITERARY MANAGEMENT와 독점 계약한 참돌에 있습니다.
  저작권법에 의하여 한국 내에서 보호를 받는 저작물이므로 무단전재 및 복제를 금합니다.

코바늘로 뜨는
귀여운 손뜨개 인형

엉뚱 발랄 아미구루미 캐릭터 25선

로렌 에스피 지음 · 이소윤 옮김 · 박상숙 감수

목차

프롤로그　7
도구와 재료　8
코바늘뜨기의 기초　14
배색하기·돗바늘 마무리　19
속눈썹 수놓기　20
입 모양 수놓기　21

Part 1 정원에서

사와로 선인장	24
다육식물	28
해바라기	36
튤립	42

Part 2 수족관에서

해파리	48
문어	54
거북이	58
돌고래	64

Part 3 농장에서

토끼	70
젖소	78
오리	86
달걀	92
돼지	96

Part 4 빵집에서

쿠키	104
컵케이크	108
마카롱	116
머그잔 & 도넛	120
파이	128

Part 5 마트에서

피망	138
블루베리 & 딸기	142
가지	148
양파	154
복숭아	158
파인애플	164
토마토	170

내 손으로 만드는 즐거움을 느껴봐요!

저의 코바늘 손뜨개를 향한 열정은 할머니로부터 아미구루미(뜨개질을 이용해 만든 인형의 통칭)에 관한 책을 선물받게 되면서 시작됐어요. 실과 코바늘을 이용해 이렇게 작고 귀여운 친구들을 내 손으로 만들 수 있다는 점에 호기심을 느끼게 되었죠. 할머니는 책 한 권을 시작으로 나중엔 손뜨개 코바늘 풀세트를 선물해주셨답니다. 처음엔 스스로 터득하려고 노력했지만 때때로 이해하기 힘들어 고민하는 시간이 많았어요. 하지만 꾸준한 노력과 많은 유튜브 동영상을 통해 마침내 명확하게 알게 됐고, 그때부터 코바늘 손뜨개에 푹 빠지고 말았죠!

처음 코바늘 뜨개질을 시작했을 때는 책이나 인터넷에서 도안을 찾아 사용했어요. 저만의 도안을 디자인하고 싶었지만, 시도해볼 엄두가 나지 않았죠. 하지만 아미구루미의 장점은 몇 가지 기본적인 모양을 익히고 나면 원하는 모든 걸 만들 수 있다는 거예요! 저는 작고 귀여운 캐릭터들을 스케치한 뒤 실을 집어 들고 열심히 몰두하기 시작했죠. 그때부터 저만의 도안을 디자인하고 만든 걸 인스타그램을 통해 세상과 공유했어요. 그저 종이 위의 아이디어에 불과했던 것을 코바늘로 떠서 형태화시키는 이 과정이 손뜨개의 가장 큰 매력이라고 생각해요.

마침내 저는 2015년에 'A Menagerie of Stitches'라는 수공예품 온라인 쇼핑몰을 열었어요. 저는 무생물체에 얼굴을 표현하는 걸 좋아해서 인스타그램 피드는 주로 웃는 음식, 식물, 동물로 가득 차 있어요. 이 아미구루미 인형들을 주변에 두고 보면 항상 저를 웃게 만들죠.

그러니 여러분도 지금 당장 코바늘뜨기를 시작해봐요! 이 책을 소중한 사람에게 선물하거나, 스스로 아기자기한 소품을 만드는 즐거움을 느껴보길 바라요. 이 책에서 소개된 도안을 통해 완성될 인형들은 당신이 초보자든 전문가든 곁에 두고 볼 때마다 기분이 좋아지게 만들 거예요!

도구와 재료

이 책의 도안을 완성하기 위해 필요한 도구와 재료는 다음과 같습니다.

① 뜨개실
이 책의 모든 작업은 4중량의 우스티드 웨이트 실을 사용합니다. 우스티드 웨이트 실은 다양한 색상과 브랜드로 나오는데, 좋아하는 색상이나 각 패턴에 어울리는 색상을 선택합니다.

② 코바늘
이 책에 수록된 대부분의 도안은 미국 사이즈 G-4.25㎜ 코바늘을 사용합니다. 코바늘의 사이즈를 알고 있어야 원하는 도안과 결과물의 크기에 맞추어 적절하게 사용할 수 있어요.

③ 나사형 인형눈
나사형 인형눈은 6~40㎜까지 다양한 크기와 색깔이 있어요. 이 책에서는 12㎜, 9㎜, 6㎜ 사이즈가 필요해요. 나사형 인형눈에는 안쪽에서 고정하는 플라스틱이나 금속으로 된 와셔가 뒤에 부착돼 있어 눈을 쉽게 제거할 수 없어요. 따라서 눈을 부착하기 전에 원하는 위치에 정확하게 배치했는지 확인하는 게 좋아요. 만약 나사형 인형눈을 당장 구할 수 없다면 단추로 대신할 수 있어요.

※ 참고: 어린아이에게 선물한다면, 나사형 인형눈을 펠트로 바꾸거나 자수 실로 수놓는 걸 추천합니다.

④ 돗바늘
짜깁기 바늘이라고도 불려요. 돗바늘은 바늘귀가 커서 실을 꿰는 게 수월하다는 장점이 있어요. 특히 편물 조각들을 연결할 때 사용하면 편리해요.

⑤ 자수 실과 바늘
자수 실을 사용해 얼굴에 특징적인 부분을 표현할 수 있어요. 자수 실은 뜨개실처럼 다양한 색깔이 있는데, 입과 속눈썹을 표현할 때에는 주로 검은색을 사용합니다. 또한 분홍빛 볼터치 효과 같은 얼굴의 디테일이나 추가 표현을 할 때도 사용해요.

⑥ 펠트(양모나 다른 인조 섬유를 압축하여 만든 천)
펠트는 눈이나 볼터치와 같은 얼굴의 이목구비를 표현할 때 사용하면 좋아요.

⑦ 스티치마커(콧수링)
코바늘 손뜨개 인형을 만드는 데 가장 중요한 도구 중 하나예요. 원형뜨기 단을 시작할 때 스티치마커로 각 단의 시작 또는 끝을 표시해요. 만약 마커가 없다면 주변에 다른 도구들(안전핀, 머리핀, 종이 클립 등)을 사용해도 됩니다.

⑧ 가위
뜨개실이나 자수 실을 자를 때 사용합니다.

⑨ 시침핀
편물 조각을 꿰매기 전에 코의 위치를 표시할 때 사용합니다.

추가로 필요한 재료

① 솜
아미구루미를 채울 때 폴리에스테르 솜을 사용합니다. 인형의 모양이 흐트러지지 않도록 충분히 추가하되, 너무 많이 넣지 않도록 합니다. 많이 채우면 늘어난 실 사이로 솜이 보일 수 있어요.

② 마분지
인형의 밑부분을 더욱 견고하게 만드는 데 사용합니다.

③ 모루(와이어)
꽃의 줄기 부분을 만드는 데 사용하면 좋아요.

④ 폴리 펠릿(폴리우레탄 충전재)과 천 조각
빈 백(콩 주머니)을 만드는 데 사용합니다.

⑤ 테라코타 화분
뜨개질한 꽃을 심는 데 필요해요.

⑥ 나무 못
꽃줄기 부분 혹은 지지대로 사용합니다.

⑦ 글루건
화분에 꽃을 접착할 때 사용합니다.

⑧ 달걀 또는 과일 상자
판지로 된 계란 상자나 작은 과일 상자를 재활용해 전시용 도구로 사용할 수 있습니다.

뜨개질 약어 알아두기

Approximately(Approx) - 대략

Chain(Ch) - 사슬뜨기

Double crochet(Dc) - 한길긴뜨기

Half double crochet(Hdc) - 긴뜨기

Invisible decrease(Inv dec) - 보이지 않게 코 줄이기

Magic ring(Mr) - 원형코 만들기(원형뜨기 시작 부분/원형코)

Round(R) - 원형뜨기 단

Row - 평면뜨기 단

Single crochet(Sc) - 짧은뜨기

Skip(Sk) - 건너뛰기

Slip stitch(Sl st) - 빼뜨기

Stitches St(s)) - 코

Tr - 두길긴뜨기

※ 참고
( ) - 사이에 명시된 횟수만큼 반복합니다.
[코] - 안쪽의 숫자는 각 단의 끝에 총 떠야 하는 코의 수를 나타냅니다.

재료를 구입할 수 있는 곳

손뜨개용품 전문 사이트로는 다음과 같은 곳이 있습니다.

- Caron Yarn
  www.yarnspirations.com/caron

- Lion Brand Yarn
  www.lionbrandyarn.com

- Red Heart Yarn
  www.redheart.com

- 앵콜스뜨개실
  http://www.ancalls.com

- 청송뜨개실
  http://www.tgesil.com

- 뜨개머리앤
  http://www.annknitting.com

그밖에도 검색창에 '손뜨개용품'을 검색하면 여러 쇼핑몰에서 구입할 수 있습니다.

코바늘뜨기의 기초

장력(게이지)
게이지는 일정한 크기 안에 들어가는 코와 단의 수입니다. 이 책에서 명시된 코바늘 게이지는 근사치입니다. 느슨하게 또는 촘촘하게 뜨는 정도와 실 두께, 바늘 사이즈에 따라 뜨개코가 조금 더 커지거나 작아질 수 있습니다.

실 감기(Yarn Over)
실 감기는 단순히 바늘을 실에 걸어 감는 걸 말해요. 코바늘에 실을 뒤에서 앞으로 감아 루프나 코에 넣고 통과시켜 잡아당깁니다.

실고리로 원형코 만들기(Magic Ring: 조절 가능한 원형)
원형코 만들기는 코 사이 간격이 가깝고, 상단에 작은 구멍이 남지 않기 때문에 주로 선호합니다.

(15p 사진 순서와 동일합니다.)
1. 검지에 실을 걸고 고리를 만들어 느슨하게 실을 올려놓아요.
2. 고리에 코바늘을 넣어 실을 감은 후, 고리를 통과해 당겨줍니다.
3. 한 번 더 실을 감아 고리 사이로 바늘을 빼냅니다. 이 원형코(링)에서 짧은뜨기를 뜨기 시작할 거예요.
4. 반드시 바늘을 양쪽 실 꼬리 밑으로 들어가도록 다시 고리에 넣어요.
5. 실을 감아 고리를 통과해 다시 바늘을 당깁니다. 코바늘에는 2개의 고리가 걸려 있습니다.
6. 실을 감고 2개의 고리를 통과해 당겨줍니다. 이로써 첫 번째 짧은뜨기가 완성돼요.
7. 패턴의 모양에 따라 이를 여러 번 반복합니다.
8. 느슨한 실 꼬리를 잡아당겨 고리를 마무리합니다.
9. 6단계의 첫 짧은뜨기에서부터 코바늘 뜨개질을 시작합니다.

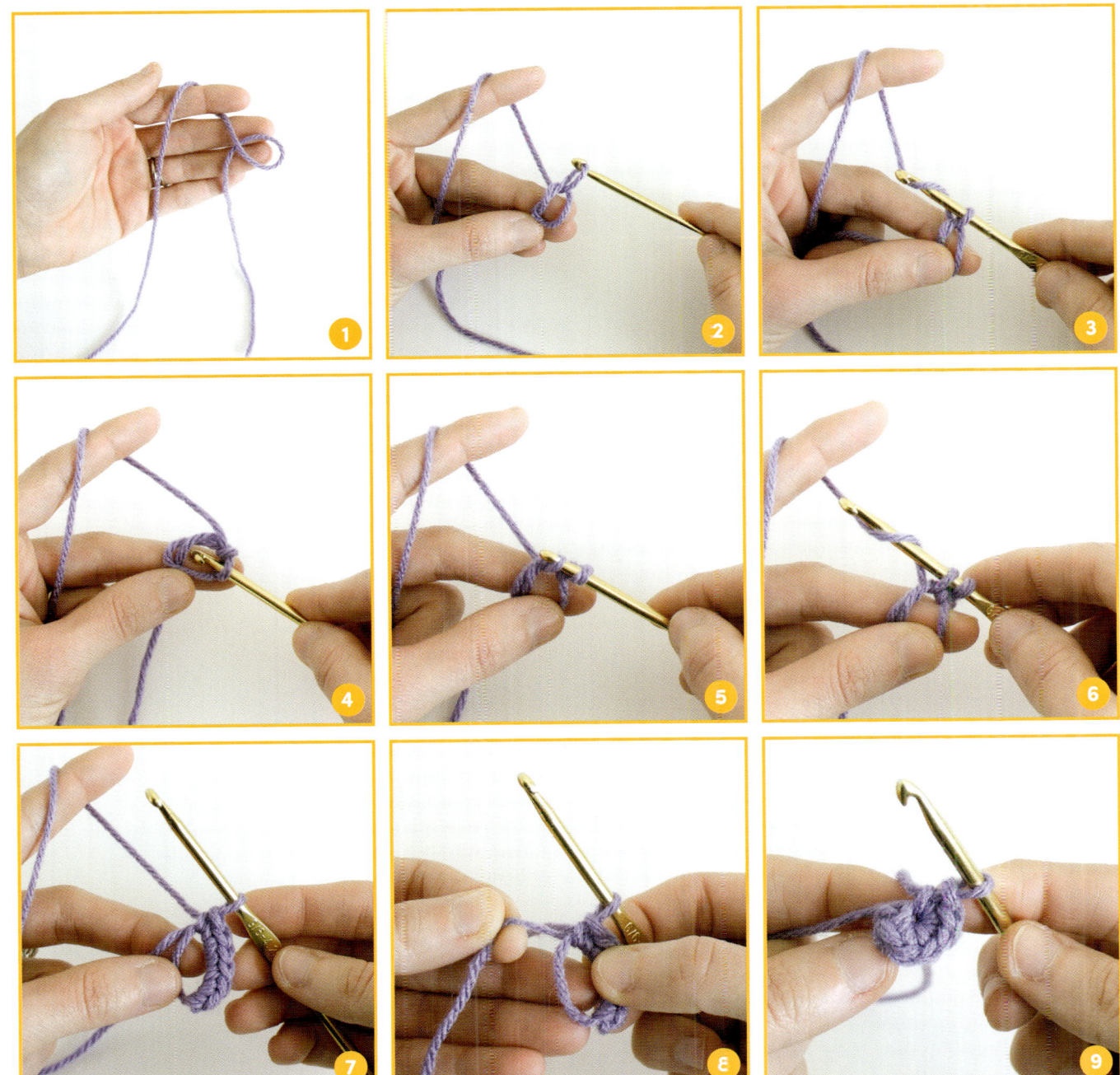

짧은뜨기(Single Crochet)

1. 코에 코바늘을 끼운 후 실을 감습니다.
2. 코를 통과해 바늘을 당기면 코바늘에는 2개의 고리가 걸려 있습니다.
3. 다시 실을 감아 2개의 고리 사이로 한 번에 잡아 뺍니다.
4. 코바늘에는 1개의 고리만 남아 있습니다.

긴뜨기(Half Double Crochet)

1. 실을 감아 코에 바늘을 끼웁니다.
2. 실을 감아 코를 통과해 바늘을 뺍니다.
3. 코바늘에 3개의 고리가 걸려 있습니다.
4. 다시 실을 감아 3개의 고리 사이로 한 번에 잡아 뺍니다.
5. 코바늘에는 1개의 고리만 남아 있습니다.

한길긴뜨기(Double Crochet)

1. 바늘에 실을 한 번 감아 코에 바늘을 끼웁니다.
2. 실을 감아 코에 넣고 바늘을 뺍니다. 코바늘에 3개의 고리가 걸려 있습니다.
3. 실을 감아 2개의 고리를 통과해 뺍니다. 코바늘에 2개의 고리가 걸려 있습니다.
4. 마지막으로 실을 감아 남은 2개의 고리를 통과해 뺍니다.
5. 코바늘에 1개의 고리만 남아 있습니다.

두길긴뜨기(Triple Crochet)

1. 코바늘에 실을 두 번 감아 3개의 고리를 만듭니다.
2. 바늘을 코에 끼고 실을 감아줍니다.
3. 코를 통과해 바늘을 당기면 코바늘에 4개의 고리가 생깁니다. 바늘에 코를 끼고 2개의 고리를 통과해 뺍니다.
4. 코바늘에 3개의 고리가 걸려 있습니다.
5. 실을 다시 감아 다른 2개의 고리를 통과해 뺍니다.
6. 코바늘에 2개의 고리가 남아 있습니다.
7. 마지막으로 실을 감아 남아 있는 2개의 고리를 통과해 뺍니다. 코바늘에 1개의 고리만 남아 있습니다.

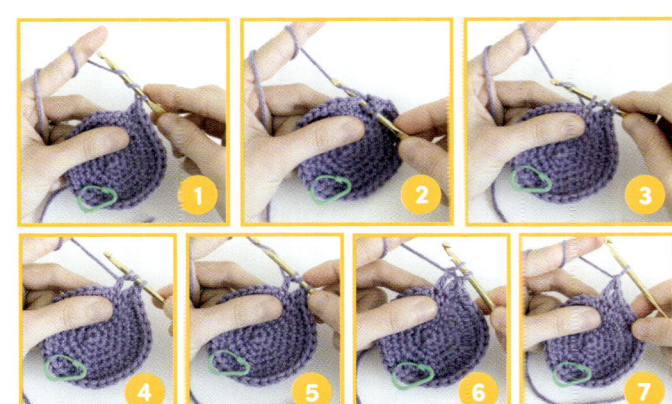

앞고리, 뒷고리 뜨기(Front or Back Loop Only)

일부 도안은 이 기법을 사용합니다. 앞뒷면을 구별하기 위해 작품 앞부분이 자신을 향하도록 둡니다. 그러면 한 줄로 늘어선 V를 볼 수 있어요. 가장 가까이 보이는 게 앞고리(Front Loop)이고 ❶, 가장 멀리 있는 거 뒷고리(Back Loop) 입니다 ❷.

보이지 않게 줄이기(Invisible Decrease)

1. 다음 2코만 앞고리에 바늘을 끼웁니다. 그럼 코바늘에는 3개의 고리가 걸려 있습니다.
2. 실을 감고 2개의 고리를 통과해 바늘을 뺍니다(2 앞고리).
3. 코바늘에 2개의 고리가 남아 있습니다.
4. 다시 실을 감아 남아 있는 2개의 고리를 통과해 뺍니다. 코바늘에 1개의 고리만 남아 있습니다.

매듭지은 고리

1. 고리를 만들어 느슨해진 실 꼬리를 작업 중인 실 위에 올려놓습니다.
2. 코바늘을 고리에 넣고 느슨해진 실 꼬리를 잡아줍니다.
3. 느슨해진 실 꼬리를 고리 사이로 통과해 잡아당기되, 끝까지 잡아당기지는 않습니다.
4. 양쪽 실 꼬리를 당겨 코바늘에 시작 코 매듭을 조입니다.

사슬뜨기

1. 매듭지은 고리를 만든 후, 코바늘에 실을 뒤에서 앞으로 감습니다.
2. 코바늘을 뒤로 당겨서 매듭지은 고리 사이로 실을 잡아 뺍니다. 이것이 첫 번째 사슬코이고, 도안에 명시된 횟수만큼 반복합니다.

빼뜨기

1. 코나 사슬코에서 다음 코에 코바늘을 넣고 실을 감습니다.
2. 코바늘을 당겨 코를 통과합니다. 그러면 코바늘에 2개의 고리가 걸려 있습니다.
3. 코바늘을 당겨 첫 번째 고리를 통과하면 코바늘에 1개의 고리가 남아 있습니다.

배색하기

1. 이전 색상의 마지막 코를 작업할 때는 일반적인 짧은뜨기로 코바늘에 2개의 고리가 남을 때까지 합니다.
2. 새로운 색상의 실을 바늘에 감아 1번에 2개의 고리를 통과합니다.
3. 새로운 실과 함께 다음 코에 코바늘을 넣습니다.
4. 새로운 실로 일반적인 코바늘뜨기를 계속합니다.
5. 이전 컬러의 실 꼬리를 자르고, 서로 다른 색상의 실 꼬리를 묶어 고정합니다.

돗바늘 마무리

다음과 같은 방법으로 마감이 보이지 않게 하면서 작품의 완성도를 높일 수 있습니다.

1. 작업의 막바지에 도달하면 바느질하기 위해 실을 길게 남기고 자릅니다. 바늘에 걸려 있는 실 꼬리를 빼냅니다.
2. 실 꼬리를 바늘에 꿰어놓습니다. 바늘을 첫 번째 코의 앞고리에 넣어 중앙에서 바깥쪽으로 바늘을 통과시킵니다. 나머지 남아 있는 코들의 앞고리도 같은 방법으로 진행합니다.
3. 끝에 도달한 후 실 꼬리를 당기면 구멍이 닫히게 됩니다.
4. 바늘을 구멍의 중앙에 꽂아 반대편(원형코가 있는 곳)으로 통과시켜 꺼냅니다.
5. 실을 작업물에 최대한 가깝게 다듬고, 실 꼬리를 안으로 숨깁니다.

속눈썹 수놓기

재봉 바늘에 검은색 자수 실을 끼워 준비합니다. 편물에서 적절한 위치에 나사형 인형눈을 꽂아 고정합니다.

1. 바늘을 편물의 안쪽에서 바깥쪽으로 가져옵니다. 바늘이 나사형 인형눈 바로 옆에 오도록 해야 합니다.
2. 눈에서 2.5㎝ 정도 떨어진 곳에 바늘을 다시 편물에 꽂습니다.
3. 그러면 첫 번째 한 가닥의 속눈썹이 만들어집니다.
4. 바늘을 다시 안쪽에서 바깥쪽으로 빼고, 단계 2를 반복해 또 한 가닥의 속눈썹을 만듭니다.
   이때 속눈썹이 서로 뭉쳐 있지 않도록 약간 떨어트려야 합니다.
5. 바늘이 편물의 안쪽에 위치하게 한 후 원하는 만큼 속눈썹을 꿰맸다면 매듭을 지어 자수 실을 고정합니다.

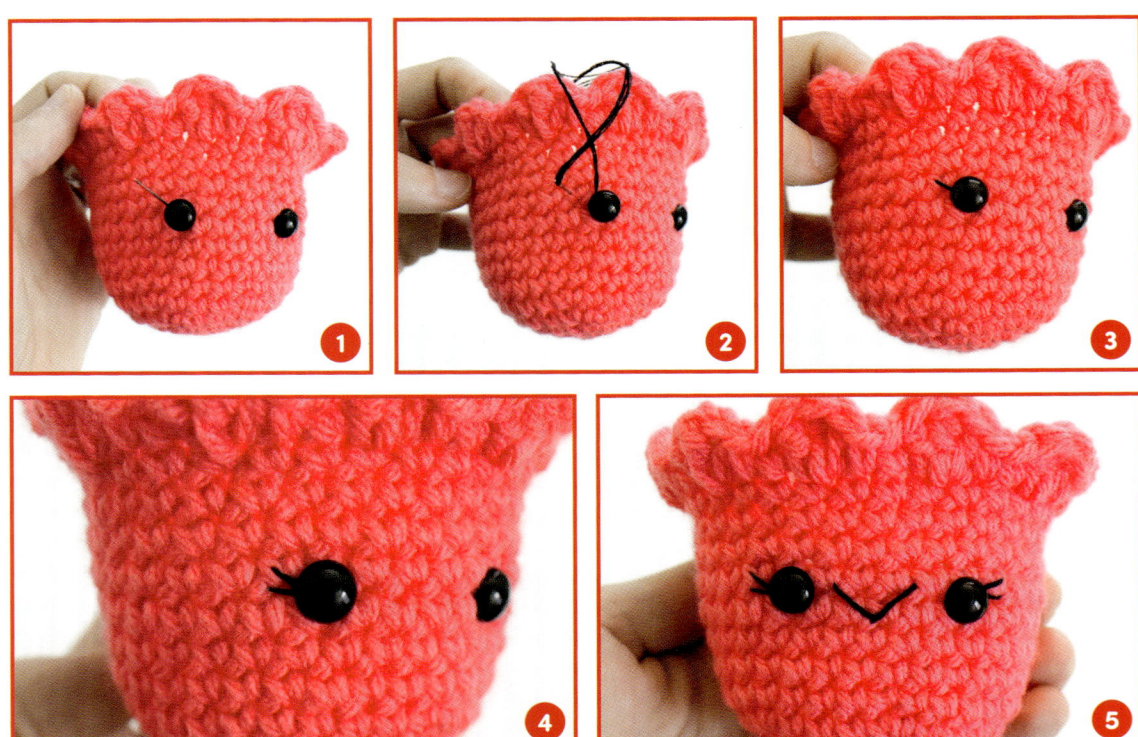

입 모양 수놓기

재봉 바늘에 검은색 자수 실을 끼워 준비합니다.

1. 왼쪽의 나사형 인형눈 근처로 바늘을 편물의 안쪽에서 바깥쪽으로 뺍니다.
2. 오른쪽으로 가로질러 바늘을 바깥쪽에서 안으로 끼웁니다. 이때 바늘을 끝까지 잡아당기지 않습니다.
3. 웃는 입모양으로 실을 잡은 후 바늘을 중앙에 한두 코 아래로 가져옵니다.
4. 실을 아래로 당겨 'V'자 모양을 만듭니다.
5. 바늘이 처음 나온 지점 가까이에 다시 바늘을 안으로 꽂아 입 모양을 잡습니다.
6. 실을 당겨서 안에서 매듭을 짓고 자수 실을 고정합니다.

Part 1
정원에서

사와로 선인장
다육식물
해바라기
튤립

사와로 선인장 Saguaro Cactus

 완성된 크기
- 대략 높이 18cm × 너비 16.5cm

 **재료**
- 우스티드 웨이트 실: 초록색, 갈색
- G/4.25mm 사이즈 코바늘
- 9mm 나사형 인형눈 한 세트
- 검은색 자수 실과 작은 자수바늘
- 솜
- 돗바늘
- 테라코타 화분
- 글루건
- 갈색 펠트지 작은 조각
- 가위
- 스티치마커
- 시침핀(선택사항 - 팔 조립 시 유용)

 사용기법
- 원형코 만들기(MR)
- 원형뜨기(R)
- 짧은뜨기(Sc)
- 코(Sts)
- 줄이기(Inv Dec)
- 빼뜨기(Sl St)

 도안 참고
- 원형뜨기 단을 반복해서 뜹니다.
- 모든 부분을 하나씩 코바늘뜨기를 한 뒤 모아서 연결합니다

선인장 뜨기

몸통 뜨기

초록색 뜨개실을 사용합니다.

1단 실고리로 원형코 만들기, 짧은뜨기 6 [6코]
2단 각 코에 짧은뜨기 2 [12코]
3단 (짧은뜨기 1, 다음 코에 짧은뜨기 2) × 6 [18코]
4단 (짧은뜨기 2, 다음 코에 짧은뜨기 2) × 6 [24코]
5단 (짧은뜨기 3, 다음 코에 짧은뜨기 2) × 6 [30코]
6-19단 짧은뜨기 30

ㄴ-사형 인형눈을 끼우고, 입을 수놓습니다.

20단 (짧은뜨기 3, 줄이기) × 6 [24코]

안에 솜을 채웁니다. 바느질하기 위해 실을 길게 남기고 자른 뒤 마무리합니다.

팔 2개 뜨기

초록색 뜨개실을 사용합니다.

1단 실고리로 원형코 만들기, 짧은뜨기 5 [5코]
2단 각 코에 짧은뜨기 2 [10코]
3-13단 짧은뜨기 10

단에 솜을 채웁니다. 바느질하기 위해 실을 길게 남기고 자른 뒤 마무리합니다.

팔 구부리기

초록색 실 한 가닥을 잘라 한쪽 끝에 매듭을 짓습니다.

돗바늘로 팔의 측면에 있는 구멍 중 하나에 끼우고, 6단과 7단 사이의 코 가운데를 통과해 바늘을 뺍니다. ❶
바늘을 바로 아래의 코에 넣습니다. ❷
팔 측면의 다른 구멍을 통해 다시 바늘을 뺍니다. ❸
실을 부드럽게 당기면 팔이 휘어집니다. ❹
끝을 묶어 마무리합니다.

화분 흙 뜨기

갈색 뜨개실을 사용합니다.

1단 실고리로 원형코 만들기, 짧은뜨기 6 [6코]
2단 각 코에 짧은뜨기 2 [12코]
3단 (짧은뜨기 1, 다음 코에 짧은뜨기 2) × 6 [18코]
4단 (짧은뜨기 2, 다음 코에 짧은뜨기 2) × 6 [24코]
5단 (짧은뜨기 3, 다음 코에 짧은뜨기 2) × 6 [30코]
6단 (짧은뜨기 4, 다음 코에 짧은뜨기 2) × 6 [36코]
7단 (짧은뜨기 5, 다음 코에 짧은뜨기 2) × 6 [42코]
8단 뒷고리 짧은뜨기 42

실을 자르고 마무리합니다.

편물 조립하기

1. 선인장 팔을 시침핀으로 각 측면에 고정합니다. 돗바늘을 사용하여 몸통에 꿰맵니다. 선인장 몸통을 화분 흙 부분에 꿰맵니다.

2. 화분 바닥의 구멍 위에 작은 갈색의 펠트 조각을 글루건으로 붙여 구멍을 막습니다. 화분 아래 구멍이 없으면 이 단계는 건너뛰어도 좋아요. 4번째 단계에서 펠트를 추가하여 솜을 덮어 화분 흙처럼 보이게 해도 좋습니다.

3. 화분에 솜을 채웁니다.

4. 화분에 선인장을 붙이려면 뒤쪽에서부터 흙 부분의 '가장자리'를 따라 접착제를 바릅니다.

5. 접착제를 조금씩 추가하며 화분에 눌러줍니다. ('가장자리 는 화분 흙 뒷고리 짧은뜨기 한 8단을 말합니다.)

6. 긴 막대기를 사용하여 코들을 부드럽게 밀어 접착제가 다르며 화분에 붙는지 확인하는 게 좋습니다. 접착제를 즉가로 발라 끝까지 눌러줍니다.

다육식물 Succulent Planter

완성된 크기
- 대략 높이 20㎝ × 너비 13㎝

재료
- 우스티드 웨이트 실: 다양한 녹색, 갈색, 회갈색
- G/4.25㎜ 사이즈 코바늘
- 9㎜ 나사형 연형눈 2 세트
- 검은색, 하얀색 자수 실, 작은 자수바늘
- 솜
- 마분지
- 돗바늘
- 가위
- 스티치마커
- 시침핀(선택사항 - 편물 연결 시 유용)

사용기법
- 원형코 만들기(MR)
- 사슬뜨기(Ch)
- 원형뜨기(R)
- 평면뜨기(Row)
- 짧은뜨기(Sc)
- 한길긴뜨기(Dc)
- 코(Sts)
- 줄이기(Inv Dec)
- 빼뜨기(Sl St)

도안 참고
- 원형뜨기 단을 반복해서 뜹니다.

화분 뜨기

회갈색 뜨개실을 사용합니다.

1단 실고리로 원형코 만들기, 짧은뜨기 6 [6코]
2단 각 코에 짧은뜨기 2 [12코]
3단 (짧은뜨기 1, 다음 코에 짧은뜨기 2) × 6 [18코]
4단 (짧은뜨기 2, 다음 코에 짧은뜨기 2) × 6 [24코]
5단 (짧은뜨기 3, 다음 코에 짧은뜨기 2) × 6 [30코]
6단 (짧은뜨기 4, 다음 코에 짧은뜨기 2) × 6 [36코]
7단 (짧은뜨기 5, 다음 코에 짧은뜨기 2) × 6 [42코]
8단 (짧은뜨기 6, 다음 코에 짧은뜨기 2) × 6 [48코]
9단 (짧은뜨기 7, 다음 코에 짧은뜨기 2) × 6 [54코]
10단 (짧은뜨기 8, 다음 코에 짧은뜨기 2) × 6 [60코]
11단 뒷고리 짧은뜨기 60
12-20단 짧은뜨기 60
21단 앞고리 짧은뜨기 60
22단 뒷고리 짧은뜨기 60
실을 자르고 마무리합니다.
마분지를 화분 바닥 부분에 맞춰 원 모양으로 자른 후 올려놓습니다. ❶

화분 흙 뜨기

갈색 뜨개실을 사용합니다.

1단 실고리로 원형코 만들기, 짧은뜨기 6 [6코]
2단 각 코에 짧은뜨기 2 [12코]
3단 (짧은뜨기 1, 다음 코에 짧은뜨기 2) × 6 [18코]
4단 (짧은뜨기 2, 다음 코에 짧은뜨기 2) × 6 [24코]
5단 (짧은뜨기 3, 다음 코에 짧은뜨기 2) × 6 [30코]
6단 (짧은뜨기 4, 다음 코에 짧은뜨기 2) × 6 [36코]
7단 (짧은뜨기 5, 다음 코에 짧은뜨기 2) × 6 [42코]
8단 (짧은뜨기 6, 다음 코에 짧은뜨기 2) × 6 [48코]
9단 (짧은뜨기 7, 다음 코에 짧은뜨기 2) × 6 [54코]
10단 (짧은뜨기 8, 다음 코에 짧은뜨기 2) × 6 [60코]
바느질하기 위해 실을 길게 남기고 자른 뒤 옆에 둡니다.

프리클리페어 선인장 뜨기

선인장 중앙 몸통 1개 뜨기
초록색 뜨개실을 사용합니다.
1단 실고리로 원형코 만들기, 짧은뜨기 6 [6코]
2단 각 코에 짧은뜨기 2 [12코]
3단 (짧은뜨기 1, 다음 코에 짧은뜨기 2) × 6 [18코]
4단 (짧은뜨기 2, 다음 코에 짧은뜨기 2) × 6 [24코]
5단 (짧은뜨기 3, 다음 코에 짧은뜨기 2) × 6 [30코]
6-12단 짧은뜨기 30
나사형 인형눈을 끼우고, 입을 수놓습니다.
13단 (짧은뜨기 3, 줄이기) × 6 [24코]
14-15단 짧은뜨기 24
16단 (짧은뜨기 2, 줄이기) × 6 [18코]
17-18단 짧은뜨기 18
선인장 안에 솜을 채운 후, 바느질하기 위해 실을 길게 남기고 자른 뒤 마무리합니다.

중간 선인장 몸통 1개 뜨기
초록색 뜨개실을 사용합니다.
1단 실고리로 원형코 만들기, 짧은뜨기 6 [6코]
2단 각 코에 짧은뜨기 2 [12코]
3단 (짧은뜨기 1, 다음 코에 짧은뜨기 2) × 6 [18코]
4-5단 짧은뜨기 18
6단 (짧은뜨기 1, 줄이기) × 6 [12코]
7-8단 짧은뜨기 12
선인장 안에 솜을 채운 후, 바느질하기 위해 실을 길게 남기고 자른 뒤 마무리합니다.

작은 선인장 2개 뜨기
초록색 뜨개실을 사용합니다.
1단 실고리로 원형코 만들기, 짧은뜨기 6 [6코]
2단 각 코에 짧은뜨기 2 [12코]
3-6단 짧은뜨기 12
7단 (짧은뜨기 1, 줄이기) × 4 [8코]
선인장 안에 솜을 채운 후, 바느질하기 위해 실을 길게 남기고 자른 뒤 마무리합니다.

하얀 가시 부분 표현하기
하얀색 자수 실(서 가닥으로 갈라 사용)로 곳곳에 √ 모양의 수를 놓습니다.

편물 조립하기
작은 선인장 편물 조각 하나를 중간 크기의 선인장에 꿰맵니다.
다음으로 중간 크기의 선인장 편물을 가장 큰 선인장 몸통에 꿰맵니다.
마지막으로 남은 작은 선인장을 가장 큰 선인장 편물에 꿰맵니다.

원통 선인장 뜨기

초록색 뜨개실을 사용해 사슬뜨기 9코를 뜹니다. 평면뜨기 합니다.

1단 두 번째 사슬코부터 시작, 짧은뜨기 8 [8코], 사슬뜨기 1, 방향 바꾸기

2-21단 앞고리 짧은뜨기 8 [8코], 사슬뜨기 1, 방향 바꾸기

바느질하기 위해 실을 길게 남기고 자른 뒤 마무리합니다.

나사형 인형눈을 끼우고 입을 수놓습니다. ❶
선인장의 위쪽 가장자리를 통과해 돗바늘을 끼웁니다. ❷
마지막에 실을 꽉 잡아당기면 상단 부분이 함께 따라올 거예요. ❸
구멍을 더 좁히려면 윗부분을 바늘로 걸어 꿰맵니다. ❹
열려 있는 선인장 측면도 꿰맵니다. ❺
바느질하기 위해 실을 길게 남기고 자릅니다.

다육식물 5개 뜨기

초록색 뜨개실을 사용해 사슬뜨기 20코를 뜹니다. ❶
1단 바늘로부터 두 번째 코부터 시작,
(한 코에 한길긴뜨기 5, 첫 번째 한길긴뜨기와 빼뜨기 1 ❷ ❸ (팝콘뜨기), 짧은뜨기 2)×6 ❹

그러면 작은 진주 모양의 다육들이 나타날 거예요. ❺
끝에 남아 있는 1개의 사슬에 짧은뜨기를 합니다. ❻
바느질하기 위해 실을 길게 남기고 자른 뒤 마무리합니다.
양끝을 잡고 비틀면 전체 모양을 더욱 구불구불하게 만들 수 있어요. ❼

손가락 모양 선인장

작은 선인장 1개 뜨기
초록색 뜨개실을 사용합니다.
1단 실고리로 원형코 만들기, 짧은뜨기 6 [6코]
2단 각 코에 짧은뜨기 2 [12코]
3-11단 짧은뜨기 12
12단 (짧은뜨기 1, 줄이기) × 4 [8코]
선인장 안에 솜을 채운 후, 바느질하기 위해 실을 길게 남기고 자른 뒤 마무리합니다.

중간 선인장 1개 뜨기
초록색 뜨개실을 사용합니다.
1단 실고리로 원형코 만들기, 짧은뜨기 7 [7코]
2단 각 코에서 짧은뜨기 2 [14코]
3-13단 짧은뜨기 14
14단 (짧은뜨기 1, 줄이기) × 4, 짧은뜨기 1, 마지막 코에 빼뜨기 1 [10코]
선인장 안에 솜을 채운 후, 바느질하기 위해 실을 길게 남기고 자른 뒤 마무리합니다.

편물 조립하기

1. 프리클리페어와 원통 선인장 편물을 화분 흙 위에 꿰맵니다. 완전히 꿰매기 전에 원통 선인장에 솜을 채웁니다. 손가락 모양의 선인장을 원통 선인장과 프리클리페어 뒤쪽에 놓고 꿰맵니다. ❷

2. 프리클리페어 앞 측면을 따라 3개의 다육들을 꿰맵니다. ❸
나머지 2개는 흙 부분의 정중앙에 꿰매어 빈 공간을 메웁니다. ❹

3. 돗바늘로 흙을 화분에 연결합니다. 이때 실을 안 보이게 하려면 화분 흙의 마지막 단을 화분의 21단의 뒷고리에 걸어 돗바늘을 통과시켜 꿰맵니다. ❺ ❻
이렇게 하면 화분 흙의 진한 실이 화분 밖으로 보이지 않아요.

4. 화분 흙과 화분을 온전히 연결하기 전에 반드시 화분에 솜을 채운 후 마무리합니다. ❼

해바라기 Sunflower

 완성된 크기
- 대략 높이 26.5cm × 너비 14cm

 **재료**
- 우스티드 웨이트 실: 노란색, 밤나무색, 초록색, 갈색
- G/4.25mm 사이즈 코바늘
- 9mm 나사형 인형눈 한 세트
- 검은색 자수 실, 작은 자수바늘
- 솜
- 돗바늘
- 테라코타 화분
- 글루건
- 19cm 나무 못(9.5mm 두께)
- 마분지 작은 조각
- 갈색 펠트지 작은 조각
- 가위
- 스티치마커(콧수 링)
- 시침핀(선택사항 - 팔 연결 시 유용)

 사용기법
- 원형코 만들기(MR)
- 원형뜨기(R)
- 짧은뜨기(Sc)
- 코(Sts)
- 줄이기(Inv Dec)
- 빼뜨기(Sl St)

도안 참고
- 원형뜨기 단을 반복해서 뜹니다.
- 모든 편물들을 각각 뜨고 나서 한꺼번에 연결합니다.

꽃 중심부 뜨기

밤나무색 뜨개실을 사용합니다(데이지 꽃은 노란색 사용).
1단 실고리로 원형코 만들기, 짧은뜨기 6 [6코]
2단 각 코에 짧은뜨기 2 [12코]
3단 (짧은뜨기 1, 다음 코에 짧은뜨기 2) × 6 [18코]
4단 (짧은뜨기 2, 다음 코에 짧은뜨기 2) × 6 [24코]
5단 (짧은뜨기 3, 다음 코에 짧은뜨기 2) × 6 [30코]
나사형 인형눈을 끼우고, 입을 수놓습니다.
6-8단 짧은뜨기 30
9단 (짧은뜨기 3, 줄이기) × 6 [24코]
10단 (짧은뜨기 2, 줄이기) × 6 [18코]
11단 (짧은뜨기 1, 줄이기) × 6 [12코]
안에 솜을 채운 후 중심부를 마무리할 때까지 계속 진행합니다.
12단 (줄이기) × 6 [6코]
실을 자르고 돗바늘 마무리합니다.

화분 흙 뜨기

갈색 뜨개실을 사용합니다.
1단 실고리로 원형코 만들기, 짧은뜨기 6 [6코]
원형코 단(1단) 가운데에 나무 못을 끼워 넣은 후 못 주변을 뜨기 시작합니다.
2단 각 코에 짧은뜨기 2 [12코]
3단 (짧은뜨기 1, 다음 코에 짧은뜨기 2) × 6 [18코]
4단 (짧은뜨기 2, 다음 코에 짧은뜨기 2) × 6 [24코]
5단 (짧은뜨기 3, 다음 코에 짧은뜨기 2) × 6 [30코]
6단 (짧은뜨기 4, 다음 코에 짧은뜨기 2) × 6 [36코]
7단 (짧은뜨기 5, 다음 코에 짧은뜨기 2) × 6 [42코]
8단 뒷고리 짧은뜨기 42
실을 자르고 마무리합니다.

꽃잎 14개 뜨기

노란색 뜨개실을 사용합니다.
1단 실고리로 원형코 만들기, 짧은뜨기 5 [5코]
2단 짧은뜨기 5
3단 각 코에서 짧은뜨기 2 [10코]
4단 (짧은뜨기 1, 다음 코에 짧은뜨기 2) × 5 [15코]
5-6단 짧은뜨기 15
7단 (짧은뜨기 1, 줄이기) × 5 [10코]
8단 (줄이기) × 5 [5코]
바느질하기 위해 실을 길게 남기고 자른 뒤 마무리합니다.

줄기 뜨기

초록색 뜨개실을 사용합니다.
1단 실고리로 원형코 만들기, 짧은뜨기 5 [5코]
2단 각 코에 짧은뜨기 2 [10코]
3단 줄기의 길이가 10cm 정도 될 때까지 각 코에 짧은뜨기 10
바느질하기 위해 실을 길게 남기고 자른 뒤 마무리합니다.

원 뜨기
(줄기 윗부분과 꽃의 뒷부분에 위치)

초록색 뜨개실을 사용합니다.
1단 실고리로 원형코 만들기, 짧은뜨기 6 [6코]
2단 각 코에서 짧은뜨기 2 [12코]
3단 (짧은뜨기 1, 다음 코에서 짧은뜨기 2) × 6 [18코]
4단 (짧은뜨기 2, 다음 코에서 짧은뜨기 2) × 6 [24코]
5단 짧은뜨기 24
바느질하기 위해 실을 길게 남기고 자른 뒤 마무리합니다.

잎사귀 2개 뜨기

초록색 뜨개실을 사용합니다.
1단 실고리로 원형코 만들기, 짧은뜨기 6 [6코]
2단 짧은뜨기 6
3단 각 코에서 짧은뜨기 2 [12코]
4단 (짧은뜨기 1, 다음 코에서 짧은뜨기 2) × 6 [18코]
5-6단 짧은뜨기 18
7단 (짧은뜨기 1, 줄이기) × 6 [12코]
8-10단 짧은뜨기 12
11단 (줄이기) × 6 [6코]
바느질하기 위해 실을 길게 남기고 자른 뒤 마무리합니다.

데이지 꽃 뜨기

꽃잎은 하얀 실, 꽃의 중심부는 노란 실을 사용해서 뜹니다.
꽃잎만 아래 도안을 참고하고 나머지는 해바라기 도안과 동일합니다.

데이지 꽃잎 9개 뜨기

하얀색 뜨개실을 사용합니다.
1단 실고리로 원형코 만들기, 짧은뜨기 6 [6코]
2단 각 코에 짧은뜨기 2 [12코]
3-5단 짧은뜨기 12
6단 (짧은뜨기 1, 줄이기) × 4 [8코]
7단 짧은뜨기 8
8단 (짧은뜨기 1, 줄이기) × 2, 짧은뜨기 1,
마지막 코에 빼뜨기 1 [6코]
바느질하기 위해 실을 길게 남기고 자른 뒤 마무리합니다.

편물 조립하기

1. 꽃잎을 꽃 중앙에 연결합니다. ❶ ❷

해바라기 : 시침핀으로 7개의 꽃잎을 꽃 중앙에 고르게 놓습니다. 뒷줄을 꿰매기 전에 7개의 꽃잎을 그 위치에 맞추어 꿰맵니다. 뒷줄에 오는 나머지 7개의 꽃잎은 첫 번째 줄의 꽃잎 사이에 놓습니다. 꽃을 좀 더 풍성하게 보이도록 꽃잎을 엇갈리게 놓은 후 꿰맵니다.

데이지 : 시침핀으로 9개의 꽃잎을 꽃 중앙에 고르게 놓고 꿰맵니다.

2. 줄기를 나무 못 위에 씌우고 흙 부분에 꿰맵니다. ❸

3. 여분의 초록색 뜨개실을 적당한 길이로 자르고 한쪽 끝에 매듭을 짓습니다. 꽃이 줄기의 정중앙에 위치하게 하고, 실로 줄기와 꽃 중앙을 앞뒤로 엮어 단단히 붙도록 한 뒤 꽃받침 뒤쪽에 줄기를 꿰맵니다. ❹~❻

4. 줄기 윗부분에 원 뒷면을 연결합니다. ❼ ❽

5. 줄기 양쪽에 꽃잎을 꿰매고 마무리합니다. (36p 사진 참조)

테라코타 화분에 연결하기

1. 마분지와 갈색 펠트 조각을 글루건으로 붙입니다. ❾
마분지가 위로 오게 한 상태에서 글루건 접착제 한 덩이를 올리고 그 중앙에 나무 못을 세웁니다. ❿
접착제가 식는 동안 꽃을 테라코타 화분 안에 넣어 곧게 서도록 해줍니다. ⓫
접착제가 식고 나면 화분 안쪽에 접착제를 바르고 바닥에 마분지 받침대를 올려놓습니다. 꽃과 화분을 고정하기 위해 단단히 눌러줍니다.

2. 나무 못을 지지대로 삼아 주변에 약간의 솜을 채웁니다. 꽃 주위에 흙이 덮여 있는 것처럼 보이는 효과를 줍니다. 이제 화분에 꽃을 심을 차례입니다.

3. 화분에 꽃을 붙이려면 화분 흙의 가장자리 부분을 따라 조금씩 접착제를 바르며 화분에 눌러줍니다. 가장자리 부분이란 화분 흙을 뜰 때 뒷고리만 떠준 8단을 말해요. 긴 막대기를 사용해 접착제가 화분에 잘 붙어 충분히 말랐는지 코를 부드럽게 밀어 넣으며 확인합니다. 완전히 붙을 때까지 접착제를 추가하며 눌러줍니다. ⓬

튤립 Tulip

완성된 크기
- 대략 높이 21.5cm × 너비 6cm

재료
- 우스티드 웨이트 실: 분홍색, 초록색, 갈색
- G/4.25mm 사이즈 코바늘
- 9mm 나사형 인형눈 한 세트
- 검은색 자수 실과 작은 자수바늘
- 솜
- 5cm 정도 테라코타 화분
- 30cm 모루(와이어) 3개
- 돗바늘
- 가위
- 스티치마커

사용기법
- 원형코 만들기(MR)
- 원형뜨기(R)
- 짧은뜨기(Sc)
- 한길긴뜨기(Dc)
- 두길긴뜨기(Tr)
- 코(Sts)
- 줄이기(Inv Dec)
- 빼뜨기(Sl St)
- A+B+C=A, B, C를 1코에 모두 뜹니다.

도안 참고
- 원형뜨기 단을 반복해서 뜹니다.
- 꽃은 진행하면서 순차적으로 연결합니다.

꽃 중심부 뜨기

분홍색 뜨개실을 사용합니다.
1단 실고리로 원형코 만들기, 짧은뜨기 6 [6코]
2단 각 코에 짧은뜨기 2 [12코]
3단 (짧은뜨기 1, 다음 코에 짧은뜨기 2) × 6 [18코]
4단 (짧은뜨기 2, 다음 코에 짧은뜨기 2) × 6 [24코]
5단 (짧은뜨기 3, 다음 코에 짧은뜨기 2) × 6 [30코]
바느질하기 위해 실을 길게 남기고 자른 뒤 옆에 둡니다.

꽃 뜨기

분홍색 뜨개실을 사용합니다.
1단 실고리로 원형코 만들기, 짧은뜨기 6 [6코]
2단 각 코에 짧은뜨기 2 [12코]
3단 (짧은뜨기 1, 다음 코에 짧은뜨기 2) × 6 [18코]
4단 (짧은뜨기 2, 다음 코에 짧은뜨기 2) × 6 [24코]
5단 (짧은뜨기 3, 다음 코에 짧은뜨기 2) × 6 [30코]
6-13단 짧은뜨기 30
14단 (한 코에 한길긴뜨기 1 + 두길긴뜨기 1 + 한길긴뜨기 1, 짧은뜨기 2) × 10 [50코]
실을 자르고 마무리합니다.
나사형 인형눈을 끼우고 입과 속눈썹은 수놓습니다.

줄기 뜨기

초록색 뜨개실을 사용합니다.
1단 실고리로 원형코 만들기, 짧은뜨기 7 [7코]
2-14단 짧은뜨기 7
3단을 뜬 후, 모루 3개를 반으로 접습니다. ❶
모루의 끝을 약 4cm 당겨 원형코 중앙 구멍에 넣습니다. ❷
14단을 다 뜰 때까지 모루 주변을 계속 뜹니다. ❸
바느질하기 위해 실을 길게 남기고 자른 뒤 마무리합니다.

꽃의 밑바닥 부분을 잡고 모루를 원형코 중앙 구멍에 넣습니다. ❹
꽃의 밑바닥까지 총 6개의 모루 끝을 통과시켜 넣습니다. 모루 끝을 같이 꼬아줍니다.
녹색 실로 줄기를 꽃에 꿰매고 단단히 묶습니다. ❺
꽃에 솜을 채우고 꽃 중심부를 가장 윗부분에 바느질합니다.
꽃 부분 14단의 아래 안쪽 가로 코에 돗바늘을 통과시켜 꿰맵니다. ❻ ❼

화분 흙 뜨기

갈색 뜨개실을 사용합니다.
- **1단** 실고리로 원형코 만들기, 짧은뜨기 6 [6코]
- **2단** 각 코에 짧은뜨기 2 [12코]
- **3단** (짧은뜨기 1, 다음 코에 짧은뜨기 2) × 6 [18코]
- **4단** (짧은뜨기 2, 다음 코에 짧은뜨기 2) × 6 [24코]
- **5단** (짧은뜨기 3, 다음 코에 짧은뜨기 2) × 6 [30코]

모루의 나머지 끝을 모두 원형코 중앙 구멍에 넣습니다
초록색 실로 줄기를 화분 흙에 꿰맵니다. ❽

- **6-7단** 짧은뜨기 3C
- **8단** (짧은뜨기 3, 줄이기) × 6 [24코]
- **9단** 짧은뜨기 24
- **10단** (짧은뜨기 2, 줄이기) × 6 [18코]
- **11-12단** 짧은뜨기 18

안에 솜을 채우고 계속 진행합니다.

- **13단** (짧은뜨기 1, 줄이기) × 6 [12코]
- **14단** (줄이기) × 6 [6코]

실을 자르고 돗바늘 마무리합니다.

잎사귀 2개 뜨기

초록색 뜨개실을 사용합니다.
- **1단** 실고리로 원형코 만들기, 짧은뜨기 4 [4코]
- **2단** 각 코에 짧은뜨기 2 [8코]
- **3-14단** 짧은뜨기 8
- **15단** (줄이기) × 4 [4코]

바느질하기 위해 실을 길게 남기고 자른 뒤 마무리합니다.

줄기 양쪽에 잎의 위치를 잡고 흙 부분과 바느질합니다. 흙에서 2.5cm 정도 위의 줄기 부분에 양쪽 잎을 바느질하여 붙여줍니다. ❾

Part 2
수족관에서

해파리

문어

거북이

고래

해파리 Jellyfish

완성된 크기
- 대략 높이 18cm × 너비 9cm

재료
- 우스티드 웨이트 실: 연두색, 진초록색
- G/4.25mm 사이즈 코바늘
- 9mm 나사형 인형눈 한 세트
- 검은색 자수 실과 작은 자수바늘
- 솜
- 돗바늘
- 가위
- 스티치마커

사용기법
- 원형코 만들기(MR)
- 원형뜨기(R)
- 짧은뜨기(Sc)
- 코(Sts)
- 줄이기(Inv Dec)
- 긴뜨기(Hdc)
- 빼뜨기(Sl St)
- 사슬뜨기(Ch)
- A+B+C=A, B, C를 1코에 모두 뜹니다.

도안 참고
- 원형뜨기 단을 반복해서 뜹니다.

몸통 뜨기

연두색 뜨개실을 사용합니다.

1단 실고리로 원형코 만들기, 짧은뜨기 6 [6코]
2단 각 코에 짧은뜨기 2 [12코]
3단 (짧은뜨기 1, 다음 코에 짧은뜨기 2) × 6 [18코]
4단 (짧은뜨기 2, 다음 코에 짧은뜨기 2) × 6 [24코]
5단 (짧은뜨기 3, 다음 코에 짧은뜨기 2) × 6 [30코]
6단 (짧은뜨기 4, 다음 코에 짧은뜨기 2) × 6 [36코]
7단 (짧은뜨기 5, 다음 코에 짧은뜨기 2) × 6 [42코]
8-14단 짧은뜨기 42
15단 이 단은 앞고리에 뜹니다.
(한 코에 짧은뜨기 1 + 긴뜨기 1 + 짧은뜨기 1, 짧은뜨기 1) × 21 [84코]
빼뜨기 후 실을 자르고 마무리합니다.
나사형 인형눈을 끼우고 입을 수놓습니다. ❶

배 뜨기

진초록색 뜨개실을 사용합니다.

1단 실고리로 원형코 만들기, 짧은뜨기 6 [6코]
2단 각 코에 짧은뜨기 2 [12코]
3단 (짧은뜨기 1, 다음 코에 짧은뜨기 2) × 6 [18코]
4단 (짧은뜨기 2, 다음 코에 짧은뜨기 2) × 6 [24코]
5단 (짧은뜨기 3, 다음 코에 짧은뜨기 2) × 6 [30코]
6단 (짧은뜨기 4, 다음 코에 짧은뜨기 2) × 6 [36코]
7단 (짧은뜨기 5, 다음 코에 짧은뜨기 2) × 6 [42코]
바느질하기 위해 실을 길게 남기고 자른 뒤 마무리합니다. ❷

촉수 18개 뜨기

굵은 촉수 10개 : (진초록색 5개, 연두색 5개) ❸
사슬뜨기 30, 바늘로부터 두 번째 사슬에서 시작, 빼뜨기 29 [29코]
바느질하기 위해 실을 길게 남기고 자른 뒤 마무리합니다.

얇은 촉수 8개 : (진초록색 5개, 연두색 3개) ❹
사슬뜨기 24, 실을 길게 남기고 마무리합니다.

편물 조립하기

촉수 연결하기(배꼽 중앙 부분부터)

1. 연두색의 얇은 촉수 3개를 배 부분 원형코 단 주위에 고르게 놓고 연결합니다.

2. 진초록색의 굵은 촉수 5개를 연두색의 얇은 촉수 3개 주위에 고르게 놓고 연결합니다.

3. 나머지 5개의 굵은 연두색 촉수를 배 주변에 고르게 놓고 연결합니다(배의 가장자리로부터 약 2단 정도 떨어져서).

4. 연두색의 굵은 촉수들의 사이 사이에 남아 있는 5개의 얇은 진초록색의 촉수들을 연결합니다.

5. 배 안쪽에 느슨한 가닥들은 반드시 단단히 매듭을 지은 후 실 가닥을 자릅니다.

해파리 완성하기

1. 해파리의 몸통과 배를 이어주려면 배의 마지막 단과 몸통 15단의 뒷고리를 함께 바느질합니다. ⑥~⑨
2. 마무리하기 전에 몸통에 솜을 채웁니다.

선택사항

해파리를 매달아두고 싶다면, 한 개의 얇은 촉수를 추가로 만듭니다. 돗바늘로 머리 윗부분 2-3단 사이의 좌우에 촉수를 통과시킵니다. ⑩ ⑪
실 꼬리에 매듭을 묶고 끝을 잘라 다듬습니다. ⑫
마지막으로 부드럽게 고리를 당겨 매듭을 안쪽으로 숨깁니다. ⑬ ⑭

문어 Octopus

완성된 크기
- 대략 높이 18㎝ × 너비 9㎝

재료
- 우스티드 웨이트 실: 자주색, 분홍색
- G/4.25㎜ 사이즈 코바늘
- 9㎜ 나사형 인형눈 한 세트
- 검은색 자수 실과 작은 자수바늘
- 솜
- 돗바늘
- 가위
- 스티치마커
- 시침핀(선택사항 - 팔 연결 시 유용)

사용기법
- 원형코 만들기(MR)
- 원형뜨기(R)
- 짧은뜨기(Sc)
- 코(Sts)
- 줄이기(Inv Dec)
- 빼뜨기(Sl St)

도안 참고
- 원형뜨기 단을 반복해서 뜹니다.

눈자위 2개 뜨기

분홍색 뜨개실을 사용합니다.
1단 실고리로 원형코 만들기, 짧은뜨기 4 [4코]
2단 각 코에 짧은뜨기 2 [8코]
3단 (짧은뜨기 1, 다음 코에 짧은뜨기 2) × 4 [12코]
바느질하기 위해 실을 길게 남기고 자른 뒤 마무리합니다.
와셔를 부착하지 않고, 1단과 2단 사이에 나사형 인형눈을 끼웁니다. ❶

몸통 뜨기

자주색 뜨개실을 사용합니다.
1단 실고리로 원형코 만들기, 짧은뜨기 6 [6코]
2단 각 코에 짧은뜨기 2 [12코]
3단 (짧은뜨기 1, 다음 코에 짧은뜨기 2) × 6 [18코]
4단 (짧은뜨기 2, 다음 코에 짧은뜨기 2) × 6 [24코]
5단 (짧은뜨기 3, 다음 코에 짧은뜨기 2) × 6 [30코]
6단 (짧은뜨기 4, 다음 코에 짧은뜨기 2) × 6 [36코]
7단 (짧은뜨기 5, 다음 코에 짧은뜨기 2) × 6 [42코]
8-18단 짧은뜨기 42
눈자위를 머리 부분에 부착합니다. ❷
원형코 단의 시작 부분의 실을 정리하고, 마지막 실 꼬리로 눈자위를 바느질합니다.
몸통 안쪽에 와셔를 부착해 고정합니다.
눈 사이에 입을 바느질할 수 있는 공간을 남겨둡니다. ❸
19단 이 단은 뒷고리에 뜹니다.
(짧은뜨기 5, 줄이기) × 6 [36코]
20단 (짧은뜨기 4, 줄이기) × 6 [30코]
21단 (짧은뜨기 3, 줄이기) × 6 [24코]
22단 (짧은뜨기 2, 줄이기) × 6 [18코]
몸통에 솜을 채웁니다.
23단 (짧은뜨기 1, 줄이기) × 6 [12코]
24단 (줄이기) × 6 [6코]
실을 자르고 마무리합니다.

팔(촉수) 8개 뜨기

자주색 뜨개실을 사용합니다.

1단 실고리로 원형코 만들기, 짧은뜨기 4 [4코]
2단 각 코에 짧은뜨기 2 [8코]
3-16단 짧은뜨기 8

8개의 팔 부분에 솜을 채웁니다.
바느질하기 위해 실을 길게 남기고 자른 뒤 마무리합니다.

몸통의 가장자리 부분에 팔을 꿰매 연결합니다.
몸통에 8개의 팔이 균일한 간격을 유지하도록 자리를 잡은 후 연결합니다. ❺~❽

거북이 Turtle

완성된 크기
- 대략 높이 16.5cm × 너비 18cm

재료
- 우스티드 웨이트 실: 초록색, 진갈색, 밝은 갈색, 밝은 황갈색
- G/4.25㎜ 사이즈 코바늘
- 9㎜ 나사형 인형눈 한 세트
- 검은색, 밝은 갈색 자수 실과 작은 자수바늘
- 솜
- 돗바늘
- 가위
- 스티치마커

사용기법
- 원형코 만들기(MR)
- 원형뜨기(R)
- 짧은뜨기(Sc)
- 코(Sts)
- 줄이기(Inv Dec)
- 빼뜨기(Sl St)

도안 참고
- 원형뜨기 단을 반복해서 뜹니다.

배 뜨기

밝은 황갈색 뜨개실을 사용합니다.
1단 실고리로 원형코 만들기, 짧은뜨기 6 [6코]
2단 각 코에 짧은뜨기 2 [12코]
3단 (짧은뜨기 1, 다음 코에 짧은뜨기 2) × 6 [18코]
4단 (짧은뜨기 2, 다음 코에 짧은뜨기 2) × 6 [24코]
5단 (짧은뜨기 3, 다음 코에 짧은뜨기 2) × 6 [30코]
6단 (짧은뜨기 4, 다음 코에 짧은뜨기 2) × 6 [36코]
7단 (짧은뜨기 5, 다음 코에 짧은뜨기 2) × 6 [42코]
8단 (짧은뜨기 6, 다음 코에 짧은뜨기 2) × 6 [48코]
9단 (짧은뜨기 7, 다음 코에 짧은뜨기 2) × 6 [54코]
바느질하기 위해 실을 길게 남기고 자른 뒤 마무리합니다.

머리 뜨기

초록색 뜨개실을 사용합니다.
1단 실고리로 원형코 만들기, 짧은뜨기 6 [6코]
2단 각 코에 짧은뜨기 2 [12코]
3단 (짧은뜨기 1, 다음 코에 짧은뜨기 2) × 6 [18코]
4단 (짧은뜨기 2, 다음 코에 짧은뜨기 2) × 6 [24코]
5단 (짧은뜨기 3, 다음 코에 짧은뜨기 2) × 6 [30코]
6-10단 짧은뜨기 30
11단 (짧은뜨기 3, 줄이기) × 6 [24코]
나사형 인형눈을 끼우고 입을 수놓습니다.
입 위에 두 개의 작은 매듭을 만들어 코를 표현합니다.
12단 (짧은뜨기 2, 줄이기) × 6 [18코]
13단 (짧은뜨기 1, 줄이기) × 6 [12코]
머리 부분에 솜을 채웁니다.
14단 (줄이기) × 6 [6코]
바느질하기 위해 실을 길게 남기고 자른 뒤 마무리합니다.

앞다리 2개 뜨기

초록색 뜨개실을 사용합니다.
- **1단** 실고리로 원형코 만들기, 짧은뜨기 6 [6코]
- **2단** 각 코에 짧은뜨기 2 [12코]
- **3단** 짧은뜨기 12
- **4단** (짧은뜨기 1, 다음 코에 짧은뜨기 2) × 6 [18코]
- **5-7단** 짧은뜨기 18
- **8단** (짧은뜨기 1, 줄이기) × 6 [12코]
- **9단** 짧은뜨기 12
- **10단** (짧은뜨기 1, 줄이기) × 4 [8코]

실 꼬리를 잘라 마무리하고, 약간의 솜을 채웁니다.

뒷다리 2개 뜨기

초록색 뜨개실을 사용합니다.
- **1단** 실고리로 원형코 만들기, 짧은뜨기 5 [5코]
- **2단** 각 코에 짧은뜨기 2 [10코]
- **3단** 짧은뜨기 10
- **4단** (짧은뜨기 1 다음 코에 짧은뜨기 2) × 5 [15코]
- **5-7단** 짧은뜨기 15
- **8단** (짧은뜨기 1, 줄이기) × 5 [10코]
- **9단** 짧은뜨기 10
- **10단** (짧은뜨기 1, 줄이기) × 3, 마지막 코에 빼뜨기 1 [7코]

실 꼬리를 잘라 마무리하고, 약간의 솜을 채웁니다.

등껍질 뜨기

진갈색 뜨개실을 사용합니다.

1단 실고리로 원형코 만들기, 짧은뜨기 6 [6코]
2단 각 코에 짧은뜨기 2 [12코]
3단 (짧은뜨기 1, 다음 코에 짧은뜨기 2) × 6 [18코]
4단 (짧은뜨기 2, 다음 코에 짧은뜨기 2) × 6 [24코]
5단 (짧은뜨기 3, 다음 코에 짧은뜨기 2) × 6 [30코]
6단 (짧은뜨기 4, 다음 코에 짧은뜨기 2) × 6 [36코]
7단 (짧은뜨기 5, 다음 코에 짧은뜨기 2) × 6 [42코]
8단 (짧은뜨기 6, 다음 코에 짧은뜨기 2) × 6 [48코]
9단 (짧은뜨기 7, 다음 코에 짧은뜨기 2) × 6 [54코]
10-19단 짧은뜨기 54
20단 앞고리 짧은뜨기 54
21단 짧은뜨기 54
실을 자르고 마무리합니다.

2. 8단 아래로 내려가 13단과 14단 사이에 일직선으로 박음질 수를 놓고 매듭을 짓습니다. ❷

3. 육각형의 각 꼭짓점에 살짝 비스듬한 각도로 박음질 선을 4코 정도, 그리고 직선에 닿을 때까지 다시 박음질 수를 놓습니다. ❸
그러면 측면에 넓은 V자 모양이 만들어집니다. 기존의 육각형 사이에 또 다른 육각형을 만드는 것 같이 각 선들이 서로 반대로 향하게 합니다. ❹ ❺

등껍질 무늬 수놓기

1. 밝은 갈색 실과 돗바늘로 5단과 6단 사이에 육각형 모양으로 박음질 수를 놓습니다. ❶

4. 마지막 줄에서도 직선 아래에 또 다른 비스듬한 선을 만드는 단계를 반복합니다. 앞에서와 같이 각 선들이 반대 방향을 향하게 합니다. 이때 반드시 등껍질에서 20단이 시작되는 곳까지만 박음질 수를 놓아야 합니다. ❻ ❼

편물 조립하기

1. 머리를 등껍질 부분 20단 위에서 약 2단 위에 자리를 잡은 후, 초록색 실과 돗바늘로 꿰맵니다. ❶

2. 앞다리를 배 상단 부분 각 모서리에 놓고 다리 사이에는 한 면이 보이도록 합니다. ❷ 밝은 황갈색 실로 배에 다리를 박음질합니다. 반드시 몸통의 안쪽에서 바느질을 해야 앞에서 볼 때 실이 보이지 않아요. ❸ ❹

3. 이번에는 몸통의 하단 부분에 뒷다리를 연결합니다. 앞다리와 마찬가지로 뒷다리 사이에 한 면이 보이도록 합니다. ❺

4. 배를 등껍질에 연결하기 전에 우선 머리가 앞다리 사이 정중앙에 오도록 합니다. ❻
밝은 황갈색 실로 배와 등껍질을 통과시켜 돗바늘로 앞뒤를 바느질합니다.
실을 숨기려면 배의 마지막 단과 등껍질 20단의 뒷고리를 함께 바느질합니다. ❼ ❽
다리도 동일한 방법으로 연결합니다. ❾~⓫

5. 구멍을 닫기 전에 반드시 등껍질 속에 솜을 채웁니다. ⓬ ⓭

돌고래  Whale

------

 완성된 크기
- 대략 높이 23cm × 너비 10cm(지느러미에서 지느러미까지 18cm)

 재료
- 우스티드 웨이트 실:
  돌고래는 청록색, 상아는 하얀색
- G/4.25mm 사이즈 코바늘
- 12mm 나사형 인형눈 한 세트
- 검은색 자수 실과 작은 자수바늘
- 솜
- 돗바늘
- 가위
- 스티치마커
- 시침핀(선택사항 - 지느러미 연결 시 유용)

 사용기법
- 원형코 만들기(MR)
- 원형뜨기(R)
- 짧은뜨기(Sc)
- 코(Sts)
- 줄이기(Inv Dec)
- 빼뜨기(Sl St)

 도안 참고
- 원형뜨기 단을 반복해서 뜹니다.

몸통 뜨기

청록색 뜨개실을 사용합니다.

1단 실고리로 원형코 만들기, 짧은뜨기 6 [6코]
2단 각 코에 짧은뜨기 2 [12코]
3단 (짧은뜨기 1, 다음 코에 짧은뜨기 2) × 6 [18코]
4단 (짧은뜨기 2, 다음 코에 짧은뜨기 2) × 6 [24코]
5단 (짧은뜨기 3, 다음 코에 짧은뜨기 2) × 6 [30코]
6단 (짧은뜨기 4, 다음 코에 짧은뜨기 2) × 6 [36코]
7단 (짧은뜨기 5, 다음 코에 짧은뜨기 2) × 6 [42코]
8단 (짧은뜨기 6, 다음 코에 짧은뜨기 2) × 6 [48코]
9단 (짧은뜨기 7, 다음 코에 짧은뜨기 2) × 6 [54코]
10-21단 짧은뜨기 54

눈 부분 : 오른쪽 눈(여러분의 왼쪽)을 시작 단에서부터 12단과 13단 사이에 자리를 잡습니다. ❶
왼쪽 눈(여러분의 오른쪽)은 오른쪽으로 고래 밑바닥에서 25코 정도 떨어져 자리를 잡습니다. ❷ ❸

입 부분 : 양쪽 눈 옆에 2코씩을 남기고 검정색 자수 실로 입을 수놓습니다. ❹~❻

22단 (짧은뜨기 7, 줄이기) × 6 [48코]
23단 (짧은뜨기 6, 줄이기) × 6 [42코]

24-25단 짧은뜨기 42
26단 (짧은뜨기 5, 줄이기) × 6 [36코]
27-28단 짧은뜨기 36
29단 (짧은뜨기 4, 줄이기) × 6 [30코]
안에 솜을 채우고 계속 진행합니다.
30-32단 짧은뜨기 30
33단 (짧은뜨기 3, 줄이기) × 6 [24코]
34-35단 짧은뜨기 24
36단 (짧은뜨기 2, 줄이기) × 6 [18코]
37-40단 짧은뜨기 18
41단 (짧은뜨기 1, 줄이기) × 6 [12코]
42-44단 짧은뜨기 12
바느질하기 위해 실을 길게 남기고 자른 뒤 마무리합니다.
꼬리를 편평하게 접고 바느질하여 구멍을 닫습니다. ❼ ❽

지느러미 & 꼬리 4개 뜨기

청록색 뜨개실을 사용합니다.

1단 실고리로 원형코 만들기, 짧은뜨기 5 [5코]
2단 각 코에 짧은뜨기 2 [10코]
3단 짧은뜨기 10
4단 (짧은뜨기 1, 다음 코에 짧은뜨기 2) × 5 [15코]
5-7단 짧은뜨기 15
8단 (짧은뜨기 1, 줄이기) × 5 [10코]
9단 짧은뜨기 10

바느질하기 위해 실을 길게 남기고 자른 뒤 마무리합니다.

꼬리 부분 지느러미 : 지느러미를 꼬리 끝에 일정한 간격으로 놓습니다. 지느러미의 양쪽 끝부분은 측면에 바느질하여 고정합니다. ❾ ❿
나머지 두 개의 지느러미를 몸통 측면에 꿰맵니다. ⓫~⓭

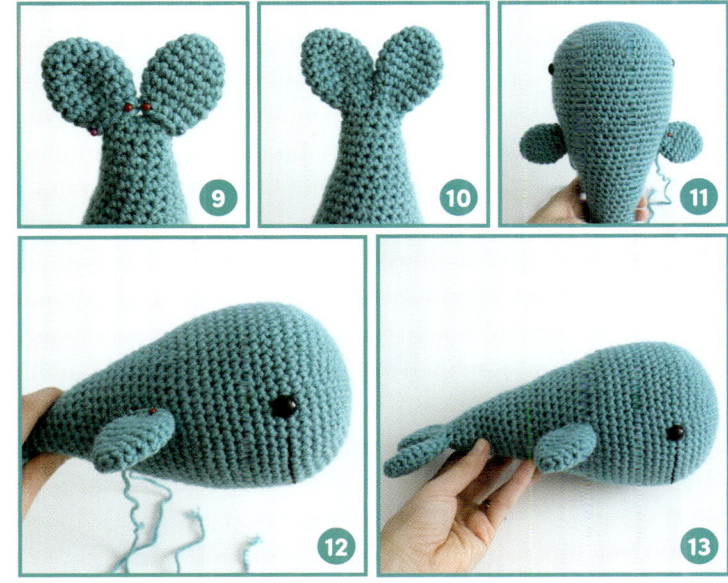

돌고래 상아 뜨기

하얀색 뜨개실을 사용합니다.

1단 실고리로 원형코 만들기, 짧은뜨기 5 [5코]
2단 짧은뜨기 5
3단 각 코에 짧은뜨기 2 [10코]
4-14단 짧은뜨기 10

상아 부분에 솜을 채웁니다.
바느질하기 위해 실을 길게 남기고 자른 뒤 마무리합니다.
눈과 눈 사이에 상아 위치를 잡고 바느질합니다. ⓮ ⓯

Part 3
농장에서

토끼
젖소
오리
달걀
돼지

토끼 Bunny

완성된 크기
- 토끼 - 대략 높이 23cm × 너비 9cm
- 당근 - 대략 높이 11.5cm × 너비 2.5cm

재료
- 우스티드 웨이트 실:
  - 토끼 - 회색, 분홍색
  - 당근 - 주황색, 초록색
- G/4.25mm 사이즈 코바늘
- 9mm(토끼), 6mm(당근) 나사형 긴형눈 한 세트씩
- 자수 실 - 토끼의 색과 어울리는 실 고르기
- 검은색 자수 실 - 당근의 입 부분
- 작은 자수바늘
- 회색 펠트(선택사항 - 배 부분에 사용하기)
- 솜
- 돗바늘
- 가위
- 스티치마커
- 시침핀(선택사항 - 편물 연결 시 유용)

사용기법
- 원형코 만들기(MR)
- 원형뜨기(R)
- 짧은뜨기(Sc)
- 코(Sts)
- 줄이기(Inv Dec)
- 빼뜨기(Sl St)

도안 참고
- 원형뜨기 단을 반복해서 뜹니다.

머리 뜨기

회색 뜨개실을 사용합니다.
1단 실고리로 원형코 만들기, 짧은뜨기 6 [6코]
2단 각 코에 짧은뜨기 2 [12코]
3단 (짧은뜨기 1, 다음 코에 짧은뜨기 2) × 6 [18코]
4단 (짧은뜨기 2, 다음 코에 짧은뜨기 2) × 6 [24코]
5단 (짧은뜨기 3, 다음 코에 짧은뜨기 2) × 6 [30코]
6단 (짧은뜨기 4, 다음 코에 짧은뜨기 2) × 6 [36코]
7-12단 짧은뜨기 36
나사형 인형눈을 끼웁니다.

코 부분 : 원하는 색상의 자수 실을 사용하여 새틴스티치로 눈 사이에 작은 코를 수놓습니다. 코가 완성되면 수직으로 한 줄을 수놓아 입을 만듭니다. ❶

13단 (짧은뜨기 4, 줄이기) × 6 [30코]
14단 (짧은뜨기 2, 줄이기) × 6 [24코]
15단 (짧은뜨기 2, 줄이기) × 6 [18코]
안에 솜을 채우고 계속 진행합니다.
16단 (짧은뜨기 1, 줄이기) × 6 [12코]
17단 (줄이기) × 6 [6코]
실을 자르고 마무리합니다.

귀 2개 뜨기

회색 뜨개실을 사용합니다.
1단 실고리로 원형코 만들기, 짧은뜨기 5 [5코]
2단 각 코에 짧은뜨기 2 [10코]
3단 (짧은뜨기 1, 다음 코에 짧은뜨기 2) × 5 [15코]
4-7단 짧은뜨기 15
8단 (짧은뜨기 1, 줄이기) × 5 [10코]
9-12단 짧은뜨기 10
바느질하기 위해 실을 길게 남기고 자른 뒤 마무리합니다.
머리에 귀를 연결하기 전에 편물을 편평하게 접습니다. ❷ ❸

꼬리 뜨기

분홍색 뜨개실을 사용합니다.
1단 실고리로 원형코 만들기, 짧은뜨기 5 [5코]
2단 각 코에 짧은뜨기 2 [10코]
3단 짧은뜨기 10
바느질하기 위해 실을 길게 남기고 자른 뒤
마무리합니다.

팔 2개 뜨기

분홍색 뜨개실을 사용합니다.
1단 실고리로 원형코 간들기, 짧은뜨기 5 [5코]
2단 각 코에 짧은뜨기 2 [10코]
3단 짧은뜨기 10
회색 뜨개실로 변경합니다.
4-13단 짧은뜨기 10
바느질하기 위해 실을 길게 남기고 자른 뒤 마무리합니다.
팔 안에 솜을 채웁니다.

다리와 몸통 뜨기

분홍색 뜨개실을 사용합니다.
1단 실고리로 원형코 만들기, 짧은뜨기 6 [6코]
2단 각 코에 짧은뜨기 2 [12코]
3단 짧은뜨기 12
회색 뜨개실로 변경합니다.
4-11단 짧은뜨기 12
실을 잘라 마무리하고 안에 솜을 채웁니다.

다리 한 개를 더 뜨는데, 실을 잘라 마무리하지 않고 둡니다. ❶
두 번째 다리가 아직 바늘에 걸려 있는 상태에서 첫 번째 다리 마지막 코에 바늘을 넣습니다. ❷
첫 번째 다리와 두 번째 다리의 각 코에 짧은뜨기 12코를 해주면 총 24개의 코가 완성됩니다. ❸ ❹
첫 번째 다리의 실 꼬리를 이용해 두 다리 사이의 구멍을 막고 마무리합니다.
❺~❾

다음 단을 계속 뜹니다.

12-13단 짧은뜨기 24
14단 (짧은뜨기 3, 다음 코에 짧은뜨기 2) × 6 [30코]
15-19단 짧은뜨기 30

안에 솜을 채우고 계속 진행합니다. ❿

20단 (짧은뜨기 3, 줄이기) × 6 [24코]
21단 짧은뜨기 24
22단 (짧은뜨기 2, 줄이기) × 6 [18코]
23-26단 짧은뜨기 18
27단 (짧은뜨기 1, 줄이기) × 6 [12코]

바느질하기 위해 실을 길게 남기고 자른 뒤 마무리합니다. ⑪

펠트지로 배 부분 뜨기

1. 배 크기에 맞게 종이를 자릅니다. ⑫
   회색 펠트 조각을 종이 크기에 맞게 자릅니다. ⑬

2. 컬러 자수 실로 몸에 펠트 조각을 바느질합니다. ⑭~⑯

편물 조립하기

1. 머리를 몸통의 적당한 위치에 두고 함께 바느질합니다. ⑰
2. 팔은 몸통의 양 측면에, 꼬리는 몸통의 뒤쪽에 자리를 잡고 꿰맵니다. ⑱

당근 줄기 6개 뜨기

초록색 뜨개실을 사용합니다.
사슬뜨기 9, 바늘로부터 두 번째 사슬에서 시작, 빼뜨기 8 [8코]

바느질하기 위해 실을 길게 남기고 자른 뒤 마무리합니다. ❶

당근 뜨기

주황색 뜨개실을 사용합니다.
1단 실고리로 원형코 만들기, 짧은뜨기 6 [6코]
2단 각 코에 짧은뜨기 2 [12코]
3단 (짧은뜨기 1, 다음 코에 짧은뜨기 2) × 6 [18코]

여기서 당근 줄기 부분을 먼저 만들 거예요.
돗바늘을 이용해 당근의 원형코 구멍에 줄기 부분을 통과시킵니다. ❷
안쪽에서 매듭을 지어 고정하고 초록색 실 꼬리를 자릅니다. ❸ ❹

4-7단 짧은뜨기 18
8단 (짧은뜨기 4, 줄이기) × 3 [15코]
9-11단 짧은뜨기 15

나사형 인형눈을 끼우고 입을 수놓습니다.
여기에서 솜을 채우고 계속 진행합니다.

12단 (짧은뜨기 3, 줄이기) × 3 [12코]
13-15단 짧은뜨기 12
16단 (짧은뜨기 2, 줄이기) × 3 [9코]
17-18단 짧은뜨기 9
19단 (줄이기) × 4, 마지막 코에 빼뜨기 1 [5코]

실을 자르고 돗바늘 마무리합니다. ❺

당근 손잡이 뜨기

토끼가 당근을 들 수 있도록 손잡이를 만듭니다.

주황색 뜨개실을 사용해 사슬뜨기 12코를 뜹니다.
바느질하기 위해 실을 길게 남기고 자른 뒤 마무리합니다.
양끝을 당근 뒤쪽에 꿰매서 토끼 팔이 고리를 적당히 통과할 수 있는지 확인합니다. ❻ ❼

젖소 Cow

완성된 크기
- 대략 높이 19cm × 너비 13cm

재료
- 우스티드 웨이트 실: 하얀색, 검정색, 황갈색, 분홍색
- G/4.25mm 사이즈 코바늘
- 9mm 나사형 인형눈 한 세트
- 검은색 자수 실과 작은 자수바늘
- 솜
- 돗바늘
- 가위
- 스티치마커
- 시침핀(선택사항 - 편물 조립 시 유용)

사용기법
- 원형코 만들기(MR)
- 원형뜨기(R)
- 짧은뜨기(Sc)
- 코(Sts)
- 줄이기(Inv Dec)
- 빼뜨기(Sl St)
- 긴뜨기(HDC)
- 한길긴뜨기(Dc)
- 두길긴뜨기(Tc)
- A+B+C=A, B, C를 1코어 모두 뜹니다.

도안 참고
- 원형뜨기 단을 반복해서 뜹니다.

머리 뜨기

하얀색 뜨개실을 사용합니다.
1단 실고리로 원형코 만들기, 짧은뜨기 6 [6코]
2단 각 코에 짧은뜨기 2 [12코]
3단 (짧은뜨기 1, 다음 코에 짧은뜨기 2) × 6 [18코]
4단 (짧은뜨기 2, 다음 코에 짧은뜨기 2) × 6 [24코]
5단 (짧은뜨기 3, 다음 코에 짧은뜨기 2) × 6 [30코]
6단 (짧은뜨기 4, 다음 코에 짧은뜨기 2) × 6 [36코]
7-12단 짧은뜨기 36
나사형 인형눈을 끼웁니다.
13단 (짧은뜨기 4, 줄이기) × 6 [30코]
14단 (짧은뜨기 3, 줄이기) × 6 [24코]
여기에서 솜을 채우고 계속 진행합니다.
15단 (짧은뜨기 2, 줄이기) × 6 [18코]
16단 (짧은뜨기 1, 줄이기) × 6 [12코]
17단 (줄이기) × 6 [6코]
실을 자르고 마무리합니다.

뿔 2개 뜨기

황갈색 뜨개실을 사용합니다.
1단 실고리로 원형코 만들기, 짧은뜨기 6 [6코]
2-4단 짧은뜨기 6
바느질하기 위해 실을 길게 남기고 자른 뒤 마무리합니다.
뿔의 크기가 작기 때문에 솜을 채우는 건 자유롭게 선택합니다.

2개의 뿔을 머리 시작에서 2단 떨어진 머리 상단에 올려 자리를 잡습니다. ❷ ❸

코 뜨기

분홍색 뜨개실을 사용합니다.
1단 실고리로 원형코 만들기, 짧은뜨기 6 [6코]
2단 각 코에 짧은뜨기 2 [12코]
3-4단 짧은뜨기 12
바느질하기 위해 실을 길게 남기고 자른 뒤 마무리합니다.

콧구멍 : 검은색 자수 실과 바늘로 원형뜨기 단 양쪽에 두 줄을 수놓습니다.

코에 솜을 채우고, 나사형 인형눈 사이에 코를 놓고 머리에 연결합니다. ❶

귀 2개 뜨기

검은색 뜨개실을 사용합니다.

1단 실고리로 원형코 만들기, 짧은뜨기 6 [6코]
2단 짧은뜨기 6
3단 각 코에 짧은뜨기 2 [12코]
4단 (짧은뜨기 1, 다음 코에 짧은뜨기 2) × 6 [18코]
5-6단 짧은뜨기 18
7단 (짧은뜨기 1, 줄이기) × 6 [12코]
8-9단 짧은뜨기 12

바느질하기 위해 실을 길게 남기고 자른 뒤 마무리합니다.

돗바늘로 실 꼬리를 귀의 옆면에 통과시켜 살짝 접힌 모양이 되도록 합니다. ❹~❼

두 귀는 양 뿔에서 약 3단 아래에 오게 하고, 뿔과 귀를 머리에 꿰매 연결합니다. ❽ ❾

몸통 뜨기

하얀색 뜨개실을 사용합니다.
1단 실고리로 원형코 만들기, 짧은뜨기 6 [6코]
2단 각 코에 짧은뜨기 2 [12코]
3단 (짧은뜨기 1, 다음 코에 짧은뜨기 2) × 6 [18코]
4단 (짧은뜨기 2, 다음 코에 짧은뜨기 2) × 6 [24코]
5단 (짧은뜨기 3, 다음 코에 짧은뜨기 2) × 6 [30코]
6-15단 짧은뜨기 30
16단 (짧은뜨기 3, 줄이기) × 6 [24코]
여기에서 솜을 채우고 계속 진행합니다.
17단 (짧은뜨기 2, 줄이기) × 6 [18코]
18단 (짧은뜨기 1, 줄이기) × 6 [12코]
19단 (줄이기) × 6 [6코]
실 꼬리를 남기고 마무리합니다.

발 4개 뜨기

황갈색 뜨개실을 사용합니다.
1단 실고리로 원형코 만들기, 짧은뜨기 6 [6코]
2단 각 코에 짧은뜨기 2 [12코]
3단 뒷고리 짧은뜨기 12
하얀색 실로 변경합니다.
4-9단 짧은뜨기 12
바느질하기 위해 실을 길게 남기고 자른 뒤 마무리합니다.

앞발을 대략 3코 간격으로 몸통 위에 놓습니다. ❶
앞발에서 3단 정도의 간격을 두고 뒷발을 놓습니다. ❷
각 발마다 약 3코 간격을 둡니다. ❸
발을 몸통에 꿰매 연결합니다. ❹

꼬리 뜨기

하얀색 뜨개실을 사용합니다.
1단 실고리로 원형코 만들기, 짧은뜨기 5 [5코]
2-10단 짧은뜨기 5
바느질하기 위해 실을 길게 남기고 자른 뒤 마무리합니다.
(83p 6번 사진 참조)

꼬리털 뜨기

검은색 뜨개실을 사용합니다.

1단 실고리로 원형코 만들기, 짧은뜨기 4 [4코]
2단 각 코에 짧은뜨기 2 [8코]
3단 (줄이기) × 4 [4코]

바느질하기 위해 실을 길게 남기고 자른 뒤 마무리합니다. ❺
꼬리털을 꼬리 끝에 꿰매 연결합니다. ❻
꼬리를 몸통에 꿰매 연결합니다. ❼

편물 조립하기

이쯤 되면 머리를 몸통에 연결하고 싶은 기분이 들 거예요. 하얀색 털실 한 가닥을 자르고 머리를 몸통 위에 올려놓습니다. 몸통에 바느질한 후 머리가 단단히 부착됐는지 확인합니다. ❽ ❾

얼룩무늬 뜨기

모든 무늬는 검은색 뜨개실을 사용합니다.

큰 얼룩무늬 1개 뜨기
1단 실고리로 원형코 만들기, 짧은뜨기 7 [7코]
2단 각 코에 짧은뜨기 2 [14코]
3단 아래와 같이 뜹니다.
긴뜨기 1, 긴뜨기 1 + 한길긴뜨기 1 + 두길긴뜨기 1, 긴뜨기 1, 한길긴뜨기 1,
한길긴뜨기 1 + 두길긴뜨기 1, 긴뜨기 1, + 긴뜨기 1,
한길긴뜨기 1 + 두길긴뜨기 1, 한길긴뜨기 1, 긴뜨기 2, 한길긴뜨기 1,
두길긴뜨기 1, 한길긴뜨기 1, 빼뜨기 1
바느질하기 위해 실을 길게 남기고 자른 뒤 마무리합니다.

중간 얼룩무늬 1개 뜨기
1단 실고리로 원형코 만들기, 짧은뜨기 6 [6코]
2단 각 코에 짧은뜨기 2 [12코]
3단 아래와 같이 뜹니다.
짧은뜨기 1, 긴뜨기 1 + 짧은뜨기 1, 짧은뜨기 2, 긴뜨기 1 + 한길긴뜨기 2,
짧은뜨기 2, 긴뜨기 1, 한길긴뜨기 1, 짧은뜨기 1 + 짧은뜨기 1,
긴뜨기 1 + 한길긴뜨기 1, 한길긴뜨기 1 + 짧은뜨기 1, 빼뜨기 1
바느질하기 위해 실을 길게 남기고 자른 뒤 마무리합니다.

작은 얼룩들 뜨기

얼룩무늬 ① : 1개
1단 실고리로 원형코 만들기, 짧은뜨기 7 [7코]
2단 각 코에 짧은뜨기 2 [14코]
바느질하기 위해 실을 길게 남기고 자른 뒤 마무리합니다.

얼룩무늬 ② : 2개
1단 실고리로 원형코 만들기, 짧은뜨기 6 [6코]
2단 각 코에 짧은뜨기 2 [12코]
바느질하기 위해 실을 길게 남기고 자른 뒤 마무리합니다.

얼룩무늬 ③ : 1개
1단 실고리로 원형코 만들기, 짧은뜨기 5 [5코]
2단 각 코에 짧은뜨기 2 [10코]
바느질하기 위해 실을 길게 남기고 자른 뒤 마무리합니다.

얼룩무늬 ④ : 1개
1단 실고리로 원형코 만들기, 짧은뜨기 6 [6코]
바느질하기 위해 실을 길게 남기고 자른 뒤 마무리합니다.

편물 조립하기

머리의 얼룩무늬
뒤통수에 얼룩무늬 ②번 한 개와 ③, ④를 꿰맵니다. ❶

몸통의 얼룩무늬
몸통 왼쪽의 얼룩무늬 ①과 중간 크기 얼룩을 꿰맵니다. ❷
얼룩무늬 ②와 큰 얼룩을 몸통의 오른쪽에 꿰맵니다. ❸

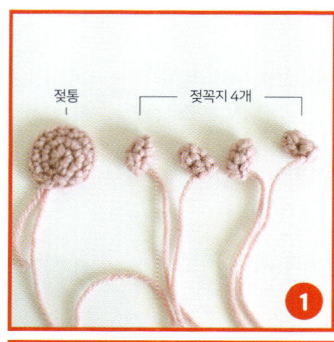

젖통

큰 젖통 1개 뜨기
분홍색 뜨개실을 사용합니다.
1단 실고리로 원형코 만들기, 짧은뜨기 6 [6코]
2단 각 코에 짧은뜨기 2 [12코]
3단 짧은뜨기 12
바느질하기 위해 실을 길게 남기고 자른 뒤 마무리합니다.

젖꼭지 4개 뜨기
분홍색 뜨개실 사용합니다.
1단 실고리로 원형코 만들기, 짧은뜨기 4 [4코]
2-3단 짧은뜨기 4
바느질하기 위해 실을 길게 남기고 자른 뒤 마무리합니다.

각 젖꼭지를 젖통 편물 주변에 꿰매어 연결합니다. ❷ ❸
젖통 편물을 다리 사이에 놓고 몸통에 바느질합니다. ❹

오리 Duck

 완성된 크기
- 대략 높이 13cm × 너비 14cm

 재료
- 우스티드 웨이트 실:
  초록색, 회색, 노란색, 주황색, 하얀색, 파란색, 갈색
- G/4.25mm 사이즈 코바늘
- 12mm 나사형 인형눈 한 세트
- 검은색 자수 실과 작은 자수바늘
- 솜
- 돗바늘
- 가위
- 스티치마커
- 시침핀(선택사항 - 편물 조립 시 유용)

 사용기법
- 원형코 만들기(MR)
- 원형뜨기(R)
- 짧은뜨기(Sc)
- 코(Sts)
- 줄이기(Inv Dec)
- 빼뜨기(Sl St)

 도안 참고
- 원형뜨기 단을 반복해서 뜹니다.
- 몸통(16-25단)에 여러 배색이 사용됩니다.
- 몸통의 갈색 부분을 나누는 흰색 단을 뜨려면 <코바늘뜨기의 기초>에서 배색하기 부분(19p)을 참고합니다.

몸통 뜨기

초록색 뜨개실을 사용합니다.

1단 실고리로 원형코 만들기, 짧은뜨기 6 [6코]
2단 각 코에 짧은뜨기 2 [12코]
3단 (짧은뜨기 1, 다음 코에 짧은뜨기 2) × 6 [18코]
4단 (짧은뜨기 2, 다음 코에 짧은뜨기 2) × 6 [24코]
5단 (짧은뜨기 3, 다음 코에 짧은뜨기 2) × 6 [30코]
6단 (짧은뜨기 4, 다음 코에 짧은뜨기 2) × 6 [36코]
7단 (짧은뜨기 5, 다음 코에 짧은뜨기 2) × 6 [42코]
8단 (짧은뜨기 6, 다음 코에 짧은뜨기 2) × 6 [48코]
9-14단 짧은뜨기 48

하얀색 뜨개실로 변경합니다.

15단 짧은뜨기 48

회색 실로 변경합니다.

16단 회색 실로 짧은뜨기 16,
갈색 실로 변경하고 짧은뜨기 16, ❶~❹
회색 실로 변경하고 짧은뜨기 16 [48코] ❺~❽

초록색 부분에 나사형 인형눈을 끼울 때 반드시 갈색 코의 중간에 위치시키고 부리에서 10코 정도 간격을 둡니다. ❾

17단 회색 실로 짧은뜨기 16, 갈색 실로 짧은뜨기 17, 회색 실로 짧은뜨기 15 [48코]
18단 회색 실로 짧은뜨기 16, 갈색 실로 짧은뜨기 18, 회색 실로 짧은뜨기 14 [48코]
19단 회색 실로 짧은뜨기 16, 갈색 실로 짧은뜨기 19, 회색 실로 짧은뜨기 13 [48코]
20단 회색 실로 짧은뜨기 16, 갈색 실로 짧은뜨기 20, 회색 실로 짧은뜨기 12 [48코]
21단 회색 실로 짧은뜨기 16, 갈색 실로 짧은뜨기 21, 회색 실로 짧은뜨기 11 [48코]
22단 회색 실로 짧은뜨기 16, 갈색 실로 짧은뜨기 22, 회색 실로 짧은뜨기 10 [48코]
23단 회색 실로 짧은뜨기 16, 갈색 실로 짧은뜨기 23, 회색 실로 짧은뜨기 9 [48코]
24단 회색 실로 짧은뜨기 16, 갈색 실로 짧은뜨기 24, 회색 실로 짧은뜨기 8 [48코]
25단 회색 실로 짧은뜨기 16, 갈색 실로 짧은뜨기 25, 회색 실로 짧은뜨기 7 [48코]
26단 회색 실로 짧은뜨기 16, 갈색 실로 짧은뜨기 26, 회색 실로 짧은뜨기 6 [48코]
27단 회색 실로 뒷고리 짧은뜨기 48
28단 (짧은뜨기 6, 줄이기) × 6 [42코]
29단 (짧은뜨기 5, 줄이기) × 6 [36코]
30단 (짧은뜨기 4, 줄이기) × 6 [30코]

안에 솜을 채우고 계속 진행합니다.

31단 (짧은뜨기 3, 줄이기) × 6 [24코]
32단 (짧은뜨기 2, 줄이기) × 6 [18코]
33단 (짧은뜨기 1, 줄이기) × 6 [12코]
34단 (줄이기) × 6 [6코]

실 끝을 남기고 돗바늘 마무리합니다.

부리 뜨기

노란색 뜨개실을 사용합니다.

1단 실고리로 원형코 만들기, 짧은뜨기 5 [5코]
2단 각 코에 짧은뜨기 2 [10코]
3단 짧은뜨기 10
4단 (짧은뜨기 1, 다음 코에 짧은뜨기 2) × 5 [15코]
5단 짧은뜨기 15
바느질하기 위해 실을 길게 남기고 자른 뒤 마무리합니다.

콧구멍 : 검정색 자수 실과 바늘로 대략 2코 떨어진 곳에
2줄을 수놓습니다. ①
부리를 편평하게 한 후 나사형 인형눈 사이에 놓고 바느질합니다. ② ③

발 2개 뜨기

주황색 뜨개실을 사용합니다.

1단 실고리로 원형코 만들기, 짧은뜨기 6 [6코]
2단 각 코에 짧은뜨기 2 [12코]
3단 (짧은뜨기 1, 다음 코에 짧은뜨기 2) × 6 [18코]
4단 짧은뜨기 18
5단 (짧은뜨기 1, 줄이기) × 6 [12코]
6단 (짧은뜨기 1, 줄이기) × 4 [8코]
바느질하기 위해 실을 길게 남기고 자른 뒤 마무리합니다.

발을 편평하게 한 다음 몸통의 27단 바로 아래에 자리를 잡고,
몸통에 연결합니다. ④ ⑤

날개 2개 뜨기

회색 뜨개실을 사용합니다.

1단 실고리로 원형코 만들기, 짧은뜨기 6 [6코]
2단 각 코에 짧은뜨기 2 [12코]
3단 짧은뜨기 12
4단 (짧은뜨기 1, 다음 코에 짧은뜨기 2) × 6 [18코]
5-7단 짧은뜨기 18
8단 (짧은뜨기 1, 줄이기) × 6 [12코]
9-10단 짧은뜨기 12
11단 (짧은뜨기 1, 줄이기) × 4 [8코]
12단 짧은뜨기 8
13단 (줄이기) × 4 [4코]

실 꼬리를 자르고 돗바늘 마무리합니다.
돗바늘로 실 꼬리를 날개의 안쪽으로 통과시켜 원형코 단 가까이 오도록 합니다. ❶ ❷
이것이 날개를 몸통에 연결하게 해줄 실 꼬리가 됩니다.

4개의 파란색 X선 수놓기

1. 우선 날개를 편평하게 두고 파란색 실과 돗바늘로 6단과 7단 사이를 통해 날개 뒤쪽으로 통과시킵니다. ❸ ❹
   반드시 날개 가장자리 근처의 구멍 중 하나를 통과해 바늘을 빼 올려야 합니다. 날개 안쪽으로 매듭을 숨깁니다. ❺ ❻

2. 바늘이 방금 나온 구멍에서 대각선 방향 구멍(즉 바로 아래 한 코 떨어져)으로 바늘을 넣습니다. ❼ ❽

3. 바늘이 방금 들어간 구멍 위로 바늘을 빼 올립니다. 이 모서리의 대각선에 있는 구멍에 바늘을 넣어 X선을 만듭니다. ❾

5. 우의 단계를 반복해 X선을 만듭니다. ⓫~⓭
X선 줄은 날개 아래쪽에 위치하게 됩니다. ⓮ ⓯

4. 다음 코는 첫 번째 X선의 마지막 구멍에서 대각선으로 바늘을 뒤에서 앞으로 가져옵니다. ❿

회색에서 갈색으로 색이 변하는 지점인 몸통의 흰색 단 근처에 날개를 놓습니다. ⓰ ⓱
날개가 약간 튀어나오도록 몸통에 5줄 정도만 바느질하여 연결합니다. ⓲

달걀 Eggs

 ### 완성된 크기
- ✗ 큰 달걀: 대략 높이 6cm × 너비 5cm
- ✗ 작은 달걀: 대략 높이 5cm × 너비 4cm

 ### 재료
- ✗ 우스티드 웨이트 실:
  하얀색, 황갈색, 크림색, 파란색 등 다양한 색상
- ✗ G/4.25mm 사이즈 코바늘
- ✗ 9mm 나사형 인형눈 한 세트
- ✗ 검은색 자수 실과 작은 자수바늘
- ✗ 솜
- ✗ 돗바늘
- ✗ 가위
- ✗ 스티치마커
- ✗ 계란 상자(선택사항)

 ### 사용기법
- ✗ 원형코 만들기(MR)
- ✗ 원형뜨기(R)
- ✗ 짧은뜨기(Sc)
- ✗ 코(Sts)
- ✗ 줄이기(Inv Dec)

 ### 도안 참고
- ✗ 원형뜨기 단을 반복해서 뜹니다.

큰 달걀 뜨기

원하는 색상의 실을 고릅니다.
1단 실고리로 원형코 만들기, 짧은뜨기 6 [6코]
2단 각 코에 짧은뜨기 2 [12코]
3단 짧은뜨기 12
4단 (짧은뜨기 1, 다음 코에 짧은뜨기 2) × 6 [18코]
5단 짧은뜨기 18
6단 (짧은뜨기 2, 다음 코에 짧은뜨기 2) × 6 [24코]
7-11단 짧은뜨기 24
나사형 인형눈을 끼우고 입을 수놓습니다.
12단 (짧은뜨기 2, 줄이기) × 6 [18코]
13단 (짧은뜨기 1, 줄이기) × 6 [12코]
안에 솜을 채웁니다.
14단 짧은뜨기 12
15단 (줄이기) × 6 [6코]
실을 자르고 돗바늘 마무리합니다.

작은 달걀 뜨기

원하는 색상의 실을 고릅니다.
1단 실고리로 원형코 만들기, 짧은뜨기 5 [5코]
2단 각 코에 짧은뜨기 2 [10코]
3단 짧은뜨기 10
4단 (짧은뜨기 1, 다음 코에 짧은뜨기 2) × 5 [15코]
5단 짧은뜨기 15
6단 (짧은뜨기 2, 다음 코에 짧은뜨기 2) × 5 [20코]
7-11단 짧은뜨기 20
나사형 인형눈을 끼우고 입을 수놓습니다.
12단 (짧은뜨기 2, 줄이기) × 5 [15코]
안에 솜을 채웁니다.
13단 (짧은뜨기 1, 줄이기) × 5 [10코]
14단 (줄이기) × 5 [5코]
실을 자르고 돗바늘 마무리합니다.

돼지 Pig

 완성된 크기
- 대략 높이 13cm × 너비 10cm

 **재료**
- 우스티드 웨이트 실: 분홍색, 황갈색
- G/4.25mm 사이즈 코바늘
- 12mm 나사형 인형눈 한 세트
- 검은색 자수 실과 작은 자수바늘
- 솜
- 돗바늘
- 가위
- 스티치마커
- 시침핀(선택사항 - 편물 조립 시 유용)

 사용기법
- 원형코 만들기(MR)
- 원형뜨기(R)
- 짧은뜨기(Sc)
- 코(Sts)
- 줄이기(Inv Dec)
- 사슬뜨기(Ch)

 도안 참고
- 원형뜨기 단을 반복해서 뜹니다.

몸통 뜨기

분홍색 뜨개실 사용합니다.
1단 실고리로 원형코 만들기, 짧은뜨기 6 [6코]
2단 각 코에 짧은뜨기 2 [12코]
3단 (짧은뜨기 1, 다음 코에 짧은뜨기 2) × 6 [18코]
4단 (짧은뜨기 2, 다음 코에 짧은뜨기 2) × 6 [24코]
5단 (짧은뜨기 3, 다음 코에 짧은뜨기 2) × 6 [30코]
6단 (짧은뜨기 4, 다음 코에 짧은뜨기 2) × 6 [36코]
7단 (짧은뜨기 5, 다음 코에 짧은뜨기 2) × 6 [42코]
8-24단 짧은뜨기 42

눈 달기 : 오른쪽 눈(여러분의 왼쪽)을 원형코에서부터 9단과 10단 사이에 끼웁니다. ❶
왼쪽 눈(여러분의 오른쪽)은 머리 상단 부분을 오른쪽으로 가로질러 20코 떨어진 21번째 코 자리에 끼웁니다. ❷ ❸

25단 (짧은뜨기 5, 줄이기) × 6 [36코]
안에 솜을 채우고 계속 진행합니다.
26단 (짧은뜨기 4, 줄이기) × 6 [30코]
27단 (짧은뜨기 3, 줄이기) × 6 [24코]
28단 (짧은뜨기 2, 줄이기) × 6 [18코]
29단 (짧은뜨기 1, 줄이기) × 6 [12코]
30단 (줄이기) × 6 [6코]
실을 자르고 돗바늘 마무리합니다.

돼지 코 뜨기

분홍색 뜨개실 사용합니다.
- **1단** 실고리로 원형코 만들기, 짧은뜨기 5 [5코]
- **2단** 각 코에 짧은뜨기 2 [10코]
- **3단** (짧은뜨기 1, 다음 코에 짧은뜨기 2) × 5 [15코]
- **4단** 뒷고리 짧은뜨기 15
- **5-6단** 짧은뜨기 15

바느질하기 위해 실을 길게 남기고 자른 뒤 마무리합니다.

콧구멍 : 검은색 자수 실과 바늘로 1단 양쪽에 두 줄을 수놓습니다. ❹
솜을 채우고, 코를 나사형 인형눈 사이에 놓습니다. ❺
코 부분을 몸통에 꿰매 연결합니다. ❻

귀 2개 뜨기

분홍색 뜨개실을 사용합니다.
- **1단** 실고리로 원형코 만들기, 짧은뜨기 5 [5코]
- **2단** 짧은뜨기 5
- **3단** 각 코에 짧은뜨기 2 [10코]
- **4단** (짧은뜨기 1, 다음 코에 짧은뜨기 2) × 5 [15코]
- **5단** (짧은뜨기 2, 다음 코에 짧은뜨기 2) × 5 [20코]
- **6단** 짧은뜨기 20
- **7단** (짧은뜨기 2, 줄이기) × 5 [15코]
- **8단** (짧은뜨기 1, 줄이기) × 5 [10코]

바느질하기 위해 실을 길게 남기고 자른 뒤 마무리합니다. ❼

13단과 15단 사이에 대략 7코 간격으로 두 귀의 자리를 잡고, 몸통에 꿰매 연결합니다. ❽ ❾

발 4개 뜨기

황갈색 뜨개실을 사용합니다.
1단 실고리로 원형코 만들기, 짧은뜨기 6 [6코]
2단 각 코에 짧은뜨기 2 [12코]
3단 짧은뜨기 12
4단 뒷고리 짧은뜨기 12
분홍색 실로 변경합니다.
5-9단 짧은뜨기 12
바느질하기 위해 실을 길게 남기고 자른 뒤 마무리합니다. ⑩

안에 솜을 채우고, 앞발을 귀와 일렬로 놓습니다. ⑪
4개의 다리를 약 4코 간격으로 놓습니다. 앞발에서 약 3~4단의 간격을 두고 뒷발의 자리를 잡습니다. ⑫
뒷발을 약 4코 간격으로 떨어뜨려 놓은 후 몸통에 꿰매 연결합니다. ⑬

꼬리 뜨기

분홍색 뜨개실을 사용합니다.
사슬뜨기 9, 바늘로부터 두 번째 사슬에서 시작,
각 코에 짧은뜨기 2 [16코]

바느질하기 위해 실을 길게 남기고 자른 뒤 마무리합니다.
몸통의 뒷부분에 꼬리 위치를 잡고 꿰맵니다.

Part 4
빵집에서

쿠키
컵케이크
마카롱
머그잔 & 도넛
파이

쿠키  Cookies

 완성된 크기
- 대략 너비 6cm

 **재료**
- 우스티드 웨이트 실:
  - 초콜릿 칩 – 황갈색, 진갈색
  - 설탕 프로스트 쿠키 – 옅은 황갈색, 분홍색
- G/4.25mm 사이즈 코바늘
- 6mm 나사형 인형눈 2 세트
- 자수 실: 검은색, 설탕 장식은 여러 가지 색상 사용
- 작은 자수바늘
- 솜
- 돗바늘
- 가위
- 스티치마커

 사용기법
- 원형코 만들기(MR)
- 원형뜨기(R)
- 짧은뜨기(Sc)
- 줄이기(Inv Dec)
- 코(Sts)

 도안 참고
- 원형뜨기 단을 반복해서 뜹니다.
- 작업 순서대로 조립이 완성됩니다.

초콜릿 칩 쿠키 뜨기

황갈색 뜨개실을 사용합니다.
1단 실고리로 원형코 만들기, 짧은뜨기 6 [6코]
2단 각 코에 짧은뜨기 2 [12코]
3단 (짧은뜨기 1, 다음 코에 짧은뜨기 2) × 6 [18코]
4단 (짧은뜨기 2, 다음 코에 짧은뜨기 2) × 6 [24코]
5단 (짧은뜨기 3, 다음 코에 짧은뜨기 2) × 6 [30코]
6단 (짧은뜨기 4, 다음 코에 짧은뜨기 2) × 6 [36코]
7-8단 짧은뜨기 36
9단 이 단은 뒷고리에 뜹니다.
　　　(짧은뜨기 4, 줄이기) × 6 [30코]
나사형 인형눈을 끼우고 입을 수놓습니다. ❶
10단 (짧은뜨기 3, 줄이기) × 6 [24코]
11단 (짧은뜨기 2, 줄이기) × 6 [18코]
12단 (짧은뜨기 1, 줄이기) × 6 [12코]
안에 약간의 솜을 채웁니다.
13단 (줄이기) × 6 [6코]
실을 자르고 돗바늘 마무리합니다.

초콜릿 칩 수놓기

진갈색 뜨개실로 쿠키 곳곳에 박음질 선을 수놓아 초콜릿을 표현합니다. ❷

설탕 프로스트 쿠키 뜨기

설탕 프로스트 뜨기
분홍색 뜨개실을 사용합니다.
- **1단** 실고리로 원형코 만들기, 짧은뜨기 6 [6코]
- **2단** 각 코에 짧은뜨기 2 [12코]
- **3단** (짧은뜨기 1, 다음 코에 짧은뜨기 2) × 6 [18코]
- **4단** (짧은뜨기 2, 다음 코에 짧은뜨기 2) × 6 [24코]
- **5단** (짧은뜨기 3, 다음 코에 짧은뜨기 2) × 6 [30코]
- **6단** 짧은뜨기 30

바느질하기 위해 실을 길게 남기고 자른 뒤 마무리합니다

쿠키 뜨기
옅은 황갈색 뜨거실을 사용합니다.
- **1단** 실고리로 읽형코 만들기, 짧은뜨기 6 [6코]
- **2단** 각 코에 짧은뜨기 2 [12코]
- **3단** (짧은뜨기 1, 다음 코에 짧은뜨기 2) × 6 [18코]
- **4단** (짧은뜨기 2, 다음 코에 짧은뜨기 2) × 6 [24코]
- **5단** (짧은뜨기 3, 다음 코에 짧은뜨기 2) × 6 [30코]
- **6단** (짧은뜨기 4, 다음 코에 짧은뜨기 2) × 6 [36코]
- **7단** 짧은뜨기 36
- **8단** 이 단은 뒷고리에 뜹니다.
  (짧은뜨기 4, 줄이기) × 6 [30코]

설탕 프로스트를 쿠키 부분에 꿰맵니다. ❶
나사형 인형눈을 설탕 프로스트 부분과 쿠키 부분 모두 톱과되도록 끝까지 눌러서 깨우고 뒤쪽에 와셔를 끼워 고정합니다. ❷ ❸
입은 검은색 실로, 설탕 장식은 다양한 색상을 사용해 수놓습니다. ❹ ❺

- **9단** (짧은뜨기 3, 줄이기) × 6 [24코]
- **10단** (짧은뜨기 2, 줄이기) × 6 [18코]
- **11단** (짧은뜨기 1, 줄이기) × 6 [12코]

안에 약간의 솜을 채웁니다. ❻ ❼

- **12단** (줄이기) < 6 [6코]

실을 자르고 돗바늘 마무리합니다.

컵케이크 Cupcakes

완성된 크기
- 점보 사이즈 - 대략 높이 11.5cm × 너비 11.5cm,
- 일반 사이즈 - 대략 높이 9cm × 너비 9cm

재료
- 우스티드 웨이트 실: 황갈색, 설탕 장식은 여러 가지 색상 사용
- G/4.25mm 사이즈 코바늘
- 9mm 나사형 인형눈 한 세트
- 자수 실: 검은색, 설탕 장식은 여러 가지 색상 사용
- 작은 자수바늘
- 솜
- 돗바늘
- 가위
- 스티치마커
- 마분지(점보 케이크에만 사용)
- 선택사항: 볼터치 - 분홍색 펠트지 또는 분홍색 자수 실과 사이즈 E 코바늘(3.5mm)로 뜨기

사용기법
- 원형코 만들기(MR)
- 원형뜨기(R)
- 짧은뜨기(Sc)
- 코(Sts)
- 줄이기(Inv Dec)
- 빼뜨기(Sl St)
- 긴뜨기(Hdc)
- 건너뛰기(Sk)

도안 참고
- 원형뜨기 단을 반복해서 뜹니다.
- 컵케이크는 동일한 방법으로 연결합니다.
- 선택사항 - 점보 컵케이크의 바닥을 튼튼하게 하려면 마분지 조각을 추가합니다.

일반 사이즈 컵케이크 뜨기

케이크 뜨기

황갈색 뜨개실을 사용합니다.

1단 실고리로 원형코 만들기, 짧은뜨기 6 [6코]
2단 각 코에 짧은뜨기 2 [12코]
3단 (짧은뜨기 1, 다음 코에 짧은뜨기 2) × 6 [18코]
4단 (짧은뜨기 2, 다음 코에 짧은뜨기 2) × 6 [24코]
5단 (짧은뜨기 3, 다음 코에 짧은뜨기 2) × 6 [30코]
6단 (짧은뜨기 4, 다음 코에 짧은뜨기 2) × 6 [36코]
7단 이 단은 뒷고리에 뜹니다.
  (짧은뜨기 4, 줄이기) × 6 [30코]
8단 (짧은뜨기 4, 다음 코에 짧은뜨기 2) × 6 [36코]
9-13단 짧은뜨기 36

바느질하기 위해 실을 길게 남기고 자른 뒤 마무리합니다.
나사형 인형눈을 끼우고, 입을 수놓습니다.

설탕 프로스트 뜨기

분홍색 뜨개실을 사용합니다.

1단 실고리로 원형코 만들기, 짧은뜨기 6 [6코]
2단 각 코에 짧은뜨기 2 [12코]
3단 (짧은뜨기 1, 다음 코에 짧은뜨기 2) × 6 [18코]
4단 (짧은뜨기 2, 다음 코에 짧은뜨기 2) × 6 [24코]
5단 (짧은뜨기 3, 다음 코에 짧은뜨기 2) × 6 [30코]
6단 (짧은뜨기 4, 다음 코에 짧은뜨기 2) × 6 [36코]
7단 (짧은뜨기 5, 다음 코에 짧은뜨기 2) × 6 [42코]
8-12단 짧은뜨기 42
13단 (짧은뜨기 5, 줄이기) × 6 [36코]
14단 이 단은 앞고리에 뜹니다.
  (한 코에 긴뜨기 4, 한 코 건너뛰기, 빼뜨기 1) × 12 [60코]

실을 자르고 마무리합니다.
여러 곳에 자수 실로 설탕 장식 모양을 수놓습니다.

선택사항: ①과 ② 중에 선택합니다.

① 펠트 볼터치 - 분홍색 펠트지로 두 개의 작은 동그라미를 오려서 나사형 인형눈 주변에 바느질합니다.

② 자수 볼터치 - 사이즈 E 코바늘(3.5mm)과 분홍색 자수 실로 뜹니다.
1단 실고리로 원형코 만들기, 짧은뜨기 7
실을 자르고 마무리합니다. 나사형 인형눈 주위에 꿰맵니다.

점보 사이즈 컵케이크 뜨기

케이크 뜨기
황갈색 뜨개실을 사용합니다.
1단 실고리로 원형코 만들기, 짧은뜨기 6 [6코]
2단 각 코에 짧은뜨기 2 [12코]
3단 (짧은뜨기 1, 다음 코에 짧은뜨기 2) × 6 [18코]
4단 (짧은뜨기 2, 다음 코에 짧은뜨기 2) × 6 [24코]
5단 (짧은뜨기 3, 다음 코에 짧은뜨기 2) × 6 [30코]
6단 (짧은뜨기 4, 다음 코에 짧은뜨기 2) × 6 [36코]
7단 (짧은뜨기 5, 다음 코에 짧은뜨기 2) × 6 [42코]
8단 (짧은뜨기 6, 다음 코에 짧은뜨기 2) × 6 [48코]
9단 이 단은 뒷고리에 뜹니다.
　　　 (짧은뜨기 6, 줄이기) × 6 [42코]
10단 (짧은뜨기 6, 다음 코에 짧은뜨기 2) × 6 [48코]
11-19단 짧은뜨기 48
바느질하기 위해 실을 길게 남기고 자른 뒤 마무리합니다.
나사형 인형눈을 끼우고, 입을 수놓습니다.
속눈썹을 만들려면 수놓기 기법(20p)을 참고합니다.

설탕 프로스트 뜨기
분홍색 뜨개실을 사용합니다.
1단 실고리로 원형코 만들기, 짧은뜨기 6 [6코]
2단 각 코에 짧은뜨기 2 [12코]
3단 (짧은뜨기 1, 다음 코에 짧은뜨기 2) × 6 [18코]
4단 (짧은뜨기 2, 다음 코에 짧은뜨기 2) × 6 [24코]
5단 (짧은뜨기 3, 다음 코에 짧은뜨기 2) × 6 [30코]
6단 (짧은뜨기 4, 다음 코에 짧은뜨기 2) × 6 [36코]
7단 (짧은뜨기 5, 다음 코에 짧은뜨기 2) × 6 [42코]
8단 (짧은뜨기 6, 다음 코에 짧은뜨기 2) × 6 [48코]
9단 (짧은뜨기 7, 다음 코에 짧은뜨기 2) × 6 [54코]
10-15단 짧은뜨기 54
16단 (짧은뜨기 7, 줄이기) × 6 [48코]
17단 이 단은 앞고리에 뜹니다
　　　 (한 코에 긴뜨기 5, 한 코 건너뛰기, 빼뜨기 1) × 16 [96코]
실을 자르고 마무리합니다.
여러 곳에 자수 실로 설탕 장식 모양을 수놓습니다.

선택사항: ①과 ② 중에 선택합니다.

① 펠트 볼터치 - 분홍색 펠트지로 두 개의 작은 동그라미를 오려서 나사형 인형눈 주변에 바느질합니다.

② 자수 볼터치 - 사이즈 E 코바늘(3.5mm)과 분홍색 자수 실로 뜹니다.
1단 실고리로 원형코 만들기, 짧은뜨기 9
실을 자르고 마무리합니다. 나사형 인형눈 주위에 꿰맵니다.

편물 조립하기

1. 점보 사이즈 컵케이크 - 케이크의 바닥 크기에 맞춰 마분지 조각을 잘라서 깔고 꿰맵니다. ❶

2. 케이크의 실 꼬리를 돗바늘에 꿰서 설탕 프로스트의 17단 안쪽 뒷고리와 케이크의 19단의 코를 통과해 바느질합니다. ❷ ❸
이렇게 하면 실밥을 숨길 수 있어서 깔끔하게 마무리됩니다. ❹ ❺

3. 편물을 닫기 전에 솜을 채웁니다. 매듭을 단단히 묶은 후 컵케이크 안에 숨겨 정리합니다. ⑥

마카롱 Macarons

 완성된 크기
- 대략 높이 5㎝ × 너비 4㎝

 **재료**
- 우스티드 웨이트 실:
  마카롱 쿠키와 쿠키 속에 사용할 색상 두 가지를 고릅니다.
- G/4.25㎜ 사이즈 코바늘
- 6㎜ 나사형 인형눈 한 세트
- 검은색 자수 실, 작은 자수바늘
- 솜
- 돗바늘
- 가위
- 스티치마커

 사용기법
- 원형코 만들기(MR)
- 원형뜨기(R)
- 짧은뜨기(Sc)
- 코(Sts)
- 줄이기(Inv Dec)
- 빼뜨기(Sl St)

 도안 참고
- 원형뜨기 단을 반복해서 뜹니다.

마카롱 뜨기

윗부분 뜨기

초록색 뜨개실을 사용합니다.

1단 실고리로 원형코 만들기, 짧은뜨기 6 [6코]
2단 각 코에 짧은뜨기 2 [12코]
3단 (짧은뜨기 1, 다음 코에 짧은뜨기 2) × 6 [18코]
4단 (짧은뜨기 2, 다음 코에 짧은뜨기 2) × 6 [24코]
5단 (짧은뜨기 3, 다음 코에 짧은뜨기 2) × 6 [30코]
6단 빼뜨기 30 [30코] ❶
연두색 뜨개실로 변경합니다. ❷
다음 단은 6단의 빼뜨기 뒤에 있는 코(5단의 코)에 뜹니다. ❸
7단 빼뜨기 30 [30코] ❹
8단 짧은뜨기 30 ❺
바느질하기 위해 실을 길게 남기고 자른 뒤 마무리합니다.

아랫부분 뜨기

초록색 뜨개실을 사용합니다.

1단 실고리로 원형코 만들기, 짧은뜨기 6 [6코]
2단 각 코에 짧은뜨기 2 [12코]
3단 (짧은뜨기 1, 다음 코에 짧은뜨기 2) × 6 [18코]
4단 (짧은뜨기 2, 다음 코에 짧은뜨기 2) × 6 [24코]
5단 (짧은뜨기 3, 다음 코에 짧은뜨기 2) × 6 [30코]
6단 빼뜨기 30 [30코]
실을 자르고 마무리합니다.

편물 조립하기

마카롱 윗부분에 나사형 인형눈을 끼우고, 입을 수놓습니다. ❶
돗바늘로 윗부분과 아랫부분 조각을 함께 꿰맵니다.
매끄럽게 연결하기 위해 윗부분 조각에서 8단의 코와 아랫부분 조각에서 6단의 빼뜨기 뒤에 있는 코(5단의 코)와 바느질합니다. ❷~❹
두 조각을 완전히 꿰매기 전에 반드시 솜을 채웁니다. ❺❻

머그잔 & 도넛 Mug & Donut

완성된 크기
- ✕ 머그잔 - 대략 높이 6cm × 너비 6cm
- ✕ 도넛 - 대략 높이 10cm × 너비 4cm

재료
- ✕ 우스티드 웨이트 실: 머그잔과 도넛에 사용할 색상을 고릅니다.
  - 머그잔: 커피 부분은 갈색, 머그잔은 원하는 색상을 선택합니다(도안에서는 파란색을 사용함).
  - 도넛: 황갈색, 프로스트 부분은 원하는 색상을 선택합니다.
- ✕ G/4.25mm 사이즈 코바늘
- ✕ 9mm 나사형 인형눈 한 세트
- ✕ 작은 자수바늘, 자수 실: 검은색, 설탕 장식은 원하는 색상을 선탁합니다.
- ✕ 솜
- ✕ 돗바늘
- ✕ 가위
- ✕ 스티치마커

선택사항: 볼터치 - 분홍색 펠트지 또는 분홍색 자수 실과 사이즈 E 코바늘(3.5mm)로 뜨기

사용기법
- ✕ 원형코 만들기(MR)
- ✕ 사슬뜨기(Ch)
- ✕ 원형뜨기(R)
- ✕ 짧은뜨기(Sc)
- ✕ 한길긴뜨기(Dc)
- ✕ A+B=A, B를 1코에 모두 뜹니다.
- ✕ 코(Sts)
- ✕ 줄이기(Inv Dec)
- ✕ 빼뜨기(Sl St)
- ✕ 긴뜨기(Hdc)
- ✕ 두길긴뜨기(Tr)

도안 참고
- ✕ 머그잔 도안은 원형뜨기 단을 반복해서 뜹니다.
- ✕ 도넛과 설탕 프로스트 부분은 사슬뜨기에서 시작해 고리 형태로 떠서 함께 연결합니다. 각 부분은 이후 원형뜨기 단을 반복해서 뜹니다.

머그잔 뜨기

손잡이 뜨기

파란색 뜨개실을 처음부터 길게 남겨놓은 후 사슬뜨기 17코를 뜹니다.

1단 바늘로부터 두 번째 사슬에서 시작, 긴뜨기 16 [16코]

바느질하기 위해 실을 길게 남기고 자른 뒤 마무리합니다. ❶

컵 뜨기

파란색 뜨개실을 사용합니다.

1단 실고리로 원형코 만들기, 짧은뜨기 6 [6코]
2단 각 코에 짧은뜨기 2 [12코]
3단 (짧은뜨기 1, 다음 코에 짧은뜨기 2) × 6 [18코]
4단 (짧은뜨기 2, 다음 코에 짧은뜨기 2) × 6 [24코]
5단 (짧은뜨기 3, 다음 코에 짧은뜨기 2) × 6 [30코]]
6단 (짧은뜨기 4, 다음 코에 짧은뜨기 2) × 6 [36코]
7단 뒷고리 짧은뜨기 36
8-18단 짧은뜨기 36

실 꼬리를 남기고 마무리합니다. ❷

손잡이 연결하기

손잡이의 남아 있는 실로 손잡이 하단 부분을 컵에 꿰매고, 매듭으로 고정한 후 실 꼬리를 자릅니다(테두리 바로 위). ❸ ❹

남아 있는 실을 컵 바닥에 끼우고 윗부분까지 안쪽에서 이동합니다.

손잡이 윗부분을 약 1.3cm 접고, ❺

실을 이용해 손잡이를 컵에 꿰맵니다. ❻ ❼

매듭으로 고정한 후 실 꼬리를 자릅니다.

나사형 인형눈을 끼우고 입을 수놓습니다. ❽

선택사항: ①과 ② 중에 선택합니다.

① 펠트 볼터치 - 분홍색 펠트지로 두 개의 작은 동그라미를 오려 나사형 인형눈 주변에 바느질합니다.

② 자수 볼터치 - 사이즈 E 코바늘(3.5mm)과 분홍색 자수 실로 뜹니다.
1단 실고리로 원형코 만들기, 짧은뜨기 8
실을 자르고 마무리합니다. 나사형 인형눈 주위에 꿰맵니다.

커피 뜨기

갈색 뜨개실을 사용합니다.
1단 실고리로 원형코 만들기, 짧은뜨기 6 [6코]
2단 각 코에 짧은뜨기 2 [12코]
3단 (짧은뜨기 1, 다음 코에 짧은뜨기 2) × 6 [18코]
4단 (짧은뜨기 2, 다음 코에 짧은뜨기 2) × 6 [24코]
5단 (짧은뜨기 3, 다음 코에 짧은뜨기 2) × 6 [30코]
6단 (짧은뜨기 4, 다음 코에 짧은뜨기 2) × 6 [36코]
바느질하기 위해 실을 길게 남기고 자른 뒤 마무리합니다.

커피 조각을 머그잔 안쪽에서 18단 아래에 있는
가로 코에 꿰맵니다. ❾~❿
완전히 꿰매기 전에 머그잔 안에 솜을 채웁니다.

도넛 뜨기

케이크 부분 뜨기

※1단을 시작하기 전에 사슬이 꼬이지 않았는지 반드시 확인할 것!

황갈색 뜨개실을 사용합니다.
사슬뜨기 21, 첫 번째 사슬에 빼뜨기로 연결하여 원형 만들기
사슬뜨기 1 ❶ ❷

1단 (짧은뜨기 2, 다음 코에 짧은뜨기 2) × 7 [28코]
2단 (짧은뜨기 3, 다음 코에 짧은뜨기 2) × 7 [35코]
3단 (짧은뜨기 4, 다음 코에 짧은뜨기 2) × 7 [42코]
4단 (짧은뜨기 5, 다음 코에 짧은뜨기 2) × 7 [49코]
5-8단 짧은뜨기 49
9단 (짧은뜨기 5, 줄이기) × 7 [42코]
10단 (짧은뜨기 4, 줄이기) × 7 [35코]
11단 (짧은뜨기 3, 줄이기) × 7 [28코]
12단 (짧은뜨기 2, 줄이기) × 7 [21코]
바느질하기 위해 실을 길게 남기고 자른 뒤 마무리합니다.
나사형 인형눈을 끼우고 입을 수놓습니다. ❸

도넛의 가운데 구멍을 바느질하려면 양쪽 두 구멍을 마주하게 놓습니다.
돗바늘로 가장자리의 코를 통과해 앞뒤로 바느질합니다. ❹~❼
도넛 구멍을 완전히 꿰매기 전에 반드시 안에 솜을 채웁니다.

설탕 프로스트 뜨기

※ 시작 전에 바느질할 수 있는 실을 길게 남길 것!
첫 단을 시작하기 전에 사슬이 꼬이지 않았는지 반드시 확인할 것!

하얀색 뜨개실을 사용합니다.
사슬뜨기 21, 첫 번째 사슬에 빼뜨기로 연결하여 원형 만들기, 사슬뜨기 1 ❽ ❾

1단 (짧은뜨기 2, 다음 코에 짧은뜨기 2) × 7 [28코]
2단 (짧은뜨기 3, 다음 코에 짧은뜨기 2) × 7 [35코]
3단 (짧은뜨기 4, 다음 코에 짧은뜨기 2) × 7 [42코]
4단 (짧은뜨기 5, 다음 코에 짧은뜨기 2) × 7 [49코]

설탕이 아래로 흐르는 모양으로 뜨려면 다음 단부터 테두리를 따라 아래와 같이 뜹니다. ⓬ ⓭

5단 (짧은뜨기 3, 긴뜨기 1 + 한길긴뜨기 1, 다음 코에 두길긴뜨기 2, 한길긴뜨기 1, + 긴뜨기 1),
(짧은뜨기 5, 긴뜨기 1 + 한길긴뜨기 1, 한길긴뜨기 1 + 긴뜨기 1),
(짧은뜨기 5, 긴뜨기 1 + 한길긴뜨기 1, 다음 코에 두길긴뜨기 2, 한길긴뜨기 1 + 긴뜨기 1),
(짧은뜨기 5, 긴뜨기 1 + 한길긴뜨기 1, 한길긴뜨기 1 − 긴뜨기 1),
(짧은뜨기 5, 긴뜨기 1 + 한길긴뜨기 1, 다음 코에 두길긴뜨기 2, 한길긴뜨기 1 + 긴뜨기 1),
(짧은뜨기 5, 긴뜨기 1 + 한길긴뜨기, 한길긴뜨기 1 + 긴뜨기 1), 짧은뜨기 6 [총 64코]

바느질하기 위해 실을 길게 남기고 자른 뒤 마무리합니다.
프로스트 편물 여러 곳에 자수 실로 설탕 장식을 수놓습니다. ⓮

편물 조립하기

1. 설탕 프로스트 시작 부분에 남아 있는 실로 도넛의 중심부를 바느질합니다. ❶~❸
   매듭으로 단단히 고정하고 도넛 안에 숨깁니다.

2. 설탕 프로스트 끝 부분에 남아 있는 실로 프로스트의 마지막 줄과 도넛을 꿰맵니다. ❹~❻
   매듭으로 단단히 고정하고 도넛 안에 숨깁니다.

파이 Pie

완성된 크기
- 대략 높이 4cm × 너비 7.6cm

재료
- 우스티드 웨이트 실: 하얀색, 크러스트는 황갈색, 파이 속은 원하는 색상을 선택합니다(도안에서는 주황색 사용).
- G/4.25mm 사이즈 코바늘
- 9mm 나사형 인형눈 한 세트
- 검은색 자수 실과 작은 자수바늘
- 솜
- 돗바늘
- 가위
- 스티치마커

선택사항:
- 볼터치 - 분홍색 펠트지 또는 분홍색 자수 실과 사이즈 E 코바늘(3.5mm)로 뜨기
- 마분지 - 파이의 측면을 편평하게 할 때 사용
- 체리 - 빨간색, 초록색 뜨개실, 6mm 나사형 인형눈

사용기법
- 사슬뜨기(Ch)
- 평면뜨기(Row)
- 짧은뜨기(Sc)
- 코(Sts)
- 긴뜨기(Hdc)
- 한길긴뜨기(Dc)
- 빼뜨기(Sl St)
- 원형코 만들기(Mr)
- 원형뜨기(R)
- 줄이기(Inv Dec)
- A+B=A, B를 1코에 모두 뜹니다.

도안 참고
- 원형뜨기 단을 반복해서 뜹니다.
- 편물 조각을 닫고 솜을 채우기 전에 마분지를 깔아줍니다.
- 상단과 하단의 크러스트 편물 조각은 18-25단의 하단 조각을 제외하고 동일하게 뜹니다.

파이 크러스트 뜨기

상단 뜨기

※ 파이의 색상은 각자 다르게 선택해도 좋지만 상단에 크러스트(딱딱한 부분)가 있는 파이는 크러스트와 동일한 색상으로 뜹니다.
상단에 크러스트가 없는 파이는 파이 속의 색상을 사용합니다.

주황색 뜨개실을 사용해 사슬뜨기 2코를 뜨고, 평면뜨기 합니다.

1단 바늘로부터 두 번째 사슬에서 시작, 한 코에 짧은뜨기 2 [2코], 사슬뜨기 1, 방향 바꾸기
2단 각 코에 짧은뜨기 2 [4코], 사슬뜨기 1, 방향 바꾸기
3단 짧은뜨기 4. 사슬뜨기 1, 방향 바꾸기
4단 첫 코에 짧은뜨기 2, 짧은뜨기 2, 마지막 코에 짧은뜨기 2 [6코], 사슬뜨기 1, 방향 바꾸기
5-6단 짧은뜨기 6, 사슬뜨기 1, 방향 바꾸기
7단 첫 번째 코에 짧은뜨기 2, 짧은뜨기 4, 마지막 코에 짧은뜨기 2 [8코] 사슬뜨기 1, 방향 바꾸기
8-9단 짧은뜨기 8, 사슬뜨기 1, 방향 바꾸기
10단 첫 코에 짧은뜨기 2, 짧은뜨기 6, 마지막 코에 짧은뜨기 2 [10코], 사슬뜨기 1, 방향 바꾸기
11-12단 짧은뜨기 10, 사슬뜨기 1, 방향 바꾸기
13단 첫 번째 짧은뜨기 코에 짧은뜨기 2, 짧은뜨기 8, 마지막 코에 짧은뜨기 2 [12코], 사슬뜨기 1, 방향 바꾸기
14-15단 짧은뜨기 12, 사슬뜨기 1, 방향 바꾸기
16단 첫 번째 코에 짧은뜨기 2, 짧은뜨기 10, 마지막 코에 짧은뜨기 2 [14코], 사슬뜨기 1, 방향 바꾸기
17단 짧은뜨기 14
바느질하기 위해 실을 길게 남기고 자른 뒤 마무리합니다.

하단 뜨기

황갈색 뜨개실을 사용해 사슬뜨기 2코를 뜨고 평면뜨기 합니다.

1단 바늘로부터 두 번째 사슬에서 시작, 한 코에 짧은뜨기 2 [2코], 사슬뜨기 1, 방향 바꾸기
2단 각 코에 짧은뜨기 2 [4코], 사슬뜨기 1, 방향 바꾸기
3단 짧은뜨기 4, 사슬뜨기 1, 방향 바꾸기
4단 첫 코에 짧은뜨기 2, 짧은뜨기 2, 마지막 코에 짧은뜨기 2 [6코], 사슬뜨기 1, 방향 바꾸기
5-6단 짧은뜨기 6, 사슬뜨기 1, 방향 바꾸기
7단 첫 코에 짧은뜨기 2, 짧은뜨기 4, 마지막 코에 짧은뜨기 2 [8코], 사슬뜨기 1, 방향 바꾸기
8-9단 짧은뜨기 8, 사슬뜨기 1, 방향 바꾸기
10단 첫 코에 짧은뜨기 2, 짧은뜨기 6, 마지막 코에 짧은뜨기 2 [10코], 사슬뜨기 1, 방향 바꾸기
11-12단 짧은뜨기 10, 사슬뜨기 1, 방향 바꾸기
13단 첫 코에 짧은뜨기 2, 짧은뜨기 8, 마지막 코에 짧은뜨기 2 [12코], 사슬뜨기 1, 방향 바꾸기
14-15단 짧은뜨기 12, 사슬뜨기 1, 방향 바꾸기
16단 첫 코에 짧은뜨기 2, 사슬뜨기 10, 마지막 코에 짧으뜨기 2 [14코], 사슬뜨기 1, 방향 바꾸기
17-18단 짧은뜨기 14, 사슬뜨기 1, 방향 바꾸기
19단 앞고리 짧은뜨기 14, 사슬뜨기 1, 방향 바꾸기
20-24단 짧은뜨기 14, 사슬뜨기 1, 방향 바꾸기
25단 (첫 코에 긴뜨기 1 + 한길긴뜨기 1 + 긴뜨기 1, 빼뜨기 1, 짧은뜨기 1) × 4, 첫 코에 긴뜨기 1 + 한길긴뜨기 1 + 긴뜨기 1, 빼드기 1

바느질하기 위해 실을 길게 남기고 자른 뒤 마무리합니다.

측면 뜨기

주황색 뜨개실을 사용해 사슬뜨기 6코를 뜨고 평면뜨기 합니다.

1단 바늘로부터 두 번째 사슬에서 시작, 짧은뜨기 5 [5코], 사슬뜨기 1, 방향 바꾸기
2-17단 짧은뜨기 5, 사슬뜨기 1, 방향 바꾸기
18단 앞고리 짧은뜨기 5, 사슬뜨기 1, 방향 바꾸기
19-34단 짧은뜨기 5, 사슬뜨기 1, 방향 바꾸기

바느질하기 위해 실을 길게 남기고 자른 뒤 마무리합니다.
나사형 인형눈을 붙이고 입을 수놓습니다.

선택사항: ①과 ② 중에 선택합니다

① 펠트 볼터치 - 분홍색 펠트지로 두 개의 조은 동그라미를 오려 나사형 인형눈 주변에 바느질합니다.

② 자수 볼터치 - 사이즈 E 코바늘(3.5mm)과 분홍색 자수 실로 뜹니다.
1단 실고리로 원형코 만들기, 짧은뜨기 5
실을 자르고 마무리합니다.
나사형 인형눈 주위에 바느질합니다.

휘핑크림 뜨기

하얀색 뜨개실을 사용해 사슬뜨기 39코를 뜹니다.
1단 바늘로부터 두 번째 사슬에서부터 시작, 짧은뜨기 38 [38코]
바느질하기 위해 실을 길게 남기고 자른 뒤 마무리합니다.

휘핑크림의 작은 탑을 만들려면 실 꼬리가 없는 끝부분을 잡고 돌돌 말아줍니다. ❷
원 모양이 만들어질 때까지 계속 돌돌 말아줍니다. ❸
실 꼬리에 돗바늘을 꿰어 휘핑크림 아래 사슬 부분을 여러 방향으로 왔다 갔다 바느질하여 사슬이 풀리지 않도록 고정합니다.
모든 측면이 잘 꿰매졌는지 확인합니다. ❹ ❺
파이 끝에 연결하기 위해 실 꼬리를 남깁니다.

편물 조립하기

1. 마분지를 추가할 경우 - 파이 윗부분 모양에 맞춰 마분지를 자릅니다. 크러스트의 뒷면(하단 크러스트 도안에서 19-25단 부분)을 남기고 파이 하단 부분도 동일하게 작업합니다. ❶ ❷

2. 파이 측면 조각을 짧은 부분(세로)부터 하단 크러스트 뒷면 부분(하단의 19-24단)에 연결합니다. ❸
그리고 측면을 크러스트 밑바닥에 꿰매고 반대편 끝까지 계속 바느질합니다. ❹ ❺
나머지 짧은 부분(세로) 역시 하단 크러스트 뒷면 부분에 꿰맵니다.

3. 크러스트 상단 조각을 측면 부분만 연결합니다. ❻ ❼
뒷부분 사이에 공간을 남겨 마분지를 넣고 솜을 채웁니다.

4. 파이 크러스트에 남아 있는 실로 구멍을 닫아줍니다. 돗바늘로 상단 조각의 마지막 줄 뒤에 있는 수평선 코들을 통과시켜 바느질합니다(이 코들은 상단 조각의 안쪽에 있습니다). ❽
바늘을 크러스트의 부채꼴 무늬 부분 ❾ ❿
바로 아래에 있는 23-24단 사이에 가로 방향으로 통과시킵니다.

5. 휘핑크림 탑 붙이기 - 휘핑크림 바닥과 파이 윗부분을 실에 돗바늘을 꿰어 바느질합니다. ⑪ ⑫
완전히 고정될 때까지 계속 여분의 실로 바느질하고 매듭지어 고정합니다. 휘핑크림을 폭신하게 브이도록 하려면 조각들을 살짝 잡아당깁니다. ⑬ ⑭

보너스! 작은 체리 뜨기

체리 뜨기

빨간색 뜨개실을 사용합니다.
- **1단** 실고리로 원형코 만들기, 짧은뜨기 4 [4코]
- **2단** 각 코에 짧은뜨기 2 [8코]
- **3단** (짧은뜨기 1, 다음 코에 짧은뜨기 2) × 4 [12코]
- **4-6단** 짧은뜨기 12

나사형 인형눈을 끼우고 입을 수놓습니다.
안에 솜을 채웁니다.
- **7단** (짧은뜨기 1, 줄이기) × 4 [8코]
- **8단** (줄이기) × 4 [4코]

실을 자르고 돗바늘 마무리합니다.

줄기 뜨기

초록색 뜨개실 사용해 사슬뜨기 8코를 뜹니다.
- **1단** 두 번째 사슬부터 시작, 빼뜨기 7 [7코]

바느질하기 위해 실을 길게 남기고 자른 뒤 마무리합니다.
체리 윗부분에 줄기를 바느질해 연결합니다.

Part 5
마트에서

피망
블루베리 & 딸기
가지
양파
복숭아
파인애플
토마토

피망  Bell Pepper

 완성된 크기
- 대략 높이 11.5cm × 너비 9cm

 재료
- 우스티드 웨이트 실: 초록색, 연두색
- G/4.25mm 사이즈 코바늘
- 9mm 나사형 인형눈 한 세트
- 검은색 자수 실과 작은 자수바늘
- 솜
- 돗바늘
- 가위
- 스티치마커
- 시침핀(선택사항 - 윗부분 연결 시 유용)

 사용기법
- 원형코 만들기(MR)
- 원형뜨기(R)
- 코(Sts)
- 줄이기(Inv Dec)
- 짧은뜨기(Sc)

 도안 참고
- 원형뜨기 단을 반복해서 뜹니다.

피망 뜨기

초록색 뜨개실을 사용합니다.

1단 실고리로 원형코 만들기, 짧은뜨기 6 [6코]
2단 각 코에 짧은뜨기 2 [12코]
3단 (짧은뜨기 1, 다음 코에 짧은뜨기 2) × 6 [18코]
4단 (짧은뜨기 2, 다음 코에 짧은뜨기 2) × 6 [24코]
5단 (짧은뜨기 3, 다음 코에 짧은뜨기 2) × 6 [30코]
6단 (짧은뜨기 4, 다음 코에 짧은뜨기 2) × 6 [36코]
7단 (짧은뜨기 5, 다음 코에 짧은뜨기 2) × 6 [42코]
8단 (짧은뜨기 6, 다음 코에 짧은뜨기 2) × 6 [48코]
9-11단 짧은뜨기 48
12단 (짧은뜨기 6, 줄이기) × 6 [42코]
13단 짧은뜨기 42
14단 (짧은뜨기 5, 줄이기) × 6 [36코]
15-20단 짧은뜨기 36
나사형 인형눈을 끼우고 입을 수놓습니다.
21단 (짧은뜨기 4, 줄이기) × 6 [30코]
22단 짧은뜨기 30
안에 솜을 채우고 계속 진행합니다.
23단 (짧은뜨기 3, 줄이기) × 6 [24코]
24단 (짧은뜨기 2, 줄이기) × 6 [18코]
25단 (짧은뜨기 1, 줄이기) × 6 [12코]
26단 (줄이기) × 6 [6코]
피망에 오목하게 파인 부분을 뜨기 위해 실을 길게 남기고 돗바늘 마무리합니다.

오목하게 들어가게 뜨기

1. 길게 남긴 실과 돗바늘로 26단 가운데에 바늘을 넣습니다. ❶
바늘을 원형코 중심부(1단)를 통과시켜 부드럽게 잡아당깁니다. ❷

2. 실을 한쪽에 내려놓고 다시 26단 가운데에 바늘을 넣습니다. ❸ ❹
바늘을 다시 상단의 원형코 중심부(1단)를 통과시켜 뺍니다. ❺
실을 다시 다른 쪽으로 내려 또 다른 나뉘는 구간을 만듭니다. ❻
총 네 부분으로 나눌 때까지 단계를 반복합니다. ❼

3. 실 꼬리를 피망 위에서 끝내고, 매듭을 묶은 후 끝을 다듬어 정리합니다. ❽

줄기 뜨기

연두색 뜨개실을 사용합니다.

1단 실고리로 원형코 만들기, 짧은뜨기 4 [4코]
2단 각 코에 짧은뜨기 2 [8코]
3단 뒷고리 짧은뜨기 8
4-6단 짧은뜨기 8
7단 (짧은뜨기 1, 다음 코에 짧은뜨기 2) × 4 [12코]
8단 (짧은뜨기 2, 다음 코에 짧은뜨기 2) × 4 [16코]
9단 (짧은뜨기 3, 다음 코에 짧은뜨기 2) × 4 [20코]
바느질하기 위해 실을 길게 남기고 자른 뒤 마무리합니다.

줄기 안에 솜을 채웁니다.
줄기를 피망의 상단 두분에 올려놓습니다.
돗바늘로 피망에 줄기를 연결합니다. ❷ ❸

블루베리 & 딸기 Berries

완성된 크기
- ✗ 블루베리 - 대략 높이 6cm × 너비 6cm
- ✗ 딸기 - 대략 높이 18cm × 너비 16.5cm

재료
- ✗ 우스티드 웨이트 실:
  - • 블루베리 - 파란색
  - • 딸기 – 빨간색, 초록색
- ✗ G/4.25mm 사이즈 코바늘
- ✗ 9mm 나사형 인형눈 한 세트
- ✗ 검은색, 하얀색 자수 실
- ✗ 작은 자수바늘
- ✗ 솜
- ✗ 돗바늘
- ✗ 가위
- ✗ 스티치마커
- ✗ 바구니(선택사항)

사용기법
- ✗ 원형코 만들기(MR)
- ✗ 원형뜨기(R)
- ✗ 짧은뜨기(Sc)
- ✗ 코(Sts)
- ✗ 줄이기(Inv Dec)
- ✗ 빼뜨기(Sl St)
- ✗ 한길긴뜨기(Dc)
- ✗ 사슬뜨기(Ch)

도안 참고
- ✗ 원형뜨기 단을 반복해서 뜹니다.

블루베리 뜨기

파란색 뜨개실을 사용합니다.

1단 실고리로 원형코 만들기, 짧은뜨기 6 [6코]
2단 각 코에 짧은뜨기 2 [12코]
3단 (짧은뜨기 1, 다음 코에 짧은뜨기 2) × 6 [18코]
4단 (짧은뜨기 2, 다음 코에 짧은뜨기 2) × 6 [24코]
5단 (짧은뜨기 3, 다음 코에 짧은뜨기 2) × 6 [30코]
6-10단 짧은뜨기 30
나사형 인형눈을 끼우고 입을 수놓습니다.
11단 (짧은뜨기 3, 줄이기) × 6 [24코]
12단 (짧은뜨기 2, 줄이기) × 6 [18코]
안에 솜을 채우고 계속 진행합니다.
13단 (짧은뜨기 1, 줄이기) × 6 [12코]
14단 (줄이기) × 6 [6코]
실을 자르고 돗바늘 마무리합니다.

블루베리 상단 뜨기

실을 길게 남기고 시작합니다.
파란색 뜨개실을 사용합니다.

사슬뜨기 18, 바늘에서부터 두 번째 시작,
(한길긴뜨기 1, 빼뜨기 1) × 8, 한길긴뜨기 1

바느질하기 위해 실을 길게 남기고 자른 뒤
마무리합니다. ❶

블루베리 상단 부분에 연결하기

1. 상단 부분의 끝을 모아 원을 만듭니다. ❷ 돗바늘로 실 꼬리와 마무리 부분을 함께 바느질하고, 매듭은 느슨하게 둡니다. ❸ ❹

2. 블루베리 상단 부분을 원형코 중심(1단) 주변에 놓습니다.
3. 돗바늘로 시작 부분 실을 블루베리에 통과시켜 빼내고 매듭으로 고정시킵니다. 실 꼬리를 잘라 블루베리 안에 실을 숨깁니다. ❺ ❻

4. 남아 있는 실 꼬리에 돗바늘을 꿰어 블루베리 상단 부분에 꿰맵니다. ❼ 매듭을 단단히 하고 블루베리 안에 실을 숨깁니다. ❽ ❾

딸기 뜨기

빨간색 뜨개실을 사용합니다.

1단 실고리로 원형코 만들기, 짧은뜨기 6 [6코]
2단 짧은뜨기 6
3단 각 코에 짧은뜨기 2 [12코]
4단 짧은뜨기 12
5단 (짧은뜨기 1, 다음 코에 짧은뜨기 2) × 6 [18코]
6-7단 짧은뜨기 18
8단 (짧은뜨기 2, 다음 코에 짧은뜨기 2) × 6 [24코]
9단 짧은뜨기 24
10단 (짧은뜨기 3, 다음 코에 짧은뜨기 2) × 6 [30코]
11단 (짧은뜨기 3, 줄이기) × 6 [24코]
나ㅅ형 인형눈을 끼우고 입을 수놓습니다.
딸기의 여러 곳에 하얀 자수 실로 씨를 수놓습니다.
12단 (짧은뜨기 2 줄이기) × 6 [18코]
안에 솜을 채우고 계속 진행합니다.
13단 (짧은뜨기 1, 줄이기) × 6 [12코]
14단 (줄이기) × 6 [6코]
실을 자르고 돗바늘 마무리합니다.

※ 씨 부분은 하단의 끝부분부터 위로 올라가며 수놓습니다. ❶~❸
바늘과 하얀색 실을 그대로 남겨두고 2단까지 완성합니다. ❹
딸기 편물 조각을 닫기 전에 씨의 수를 추가합니다. ❺

잎사귀 뜨기

초록색 뜨개실을 사용합니다.

1단 실고리로 원형코 만들기, 짧은뜨기 8 [8코]
2단 각 코에 짧은뜨기 2 [16코]
3단 (짧은뜨기 1, 사슬뜨기 5, 바늘에서부터 두 번째 사슬에서 시작, 짧은뜨기 4, 첫 번째 뜬 짧은뜨기에 빼뜨기 1, 짧은뜨기 1) × 8 (총 8개의 잎) ❶~❻

바느질하기 위해 실을 길게 남기고 자른 뒤 마무리합니다.

딸기 위에 잎사귀를 올려놓습니다. ❼
바늘을 잎과 딸기에 동시에 끼운 후 잎사귀 조각 위로 다시 빼냅니다.
이때 잎사귀의 2단과 3단 사이를 바느질합니다. ❽ ❾
그러면 잎사귀의 2단과 3단 사이에 수평으로 꿰매집니다. ❿~⓬
매듭을 단단히 고정시키고, 실을 딸기 안으로 숨깁니다.

가지 Eggplant

완성된 크기
- 대략 높이 16.5 × 너비 7.6㎝

재료
- 우스티드 웨이트 실: 보라색, 초록색
- G/4.25㎜ 사이즈 코바늘
- 9㎜ 나사형 인형눈 한 세트
- 검은색 자수 실과 작은 자수바늘
- 솜
- 돗바늘
- 가위
- 스티치마커
- 시침핀(선택사항 - 상단 편물 조립 시 유용)

사용기법
- 원형코 만들기(MR)
- 원형뜨기(R)
- 짧은뜨기(Sc)
- 코(Sts)
- 줄이기(Inv Dec)
- 사슬뜨기(Ch)
- 긴뜨기(Hdc)
- 한길긴뜨기(Dc)
- 두길긴뜨기(Tr)
- 빼뜨기(Sl St)
- 건너뛰기(Sk)

도안 참고
- 원형뜨기 단을 반복해서 뜹니다.

가지 몸통 뜨기

보라색 뜨개실을 사용합니다.
- **1단** 실고리로 원형코 만들기, 짧은뜨기 6 [6코]
- **2단** 각 코에 짧은뜨기 2 [12코]
- **3단** (짧은뜨기 1, 다음 코에 짧은뜨기 2) × 6 [18코]
- **4단** (짧은뜨기 2, 다음 코에 짧은뜨기 2) × 6 [24코]
- **5-7단** 짧은뜨기 24
- **8단** (짧은뜨기 3, 다음 코에 짧은뜨기 2) × 6 [30코]
- **9-14단** 짧은뜨기 30
- **15단** (짧은뜨기 4, 다음 코에 짧은뜨기 2) × 6 [36코]
- **16-19단** 짧은뜨기 36
- **20단** (짧은뜨기 5, 다음 코에 짧은뜨기 2) × 6 [42코]
- **21-23단** 짧은뜨기 42
- **24단** (짧은뜨기 5, 줄이기) × 6 [36코]
- **25단** (짧은뜨기 4, 줄이기) × 6 [30코]

나사형 인형눈을 끼우고 입을 수놓습니다.
- **26단** 짧은뜨기 30

안에 솜을 채우고 계속 진행합니다.
- **27단** (짧은뜨기 3, 줄이기) × 6 [24코]
- **28단** (짧은뜨기 2, 줄이기) × 6 [18코]
- **29단** (짧은뜨기 1, 줄이기) × 6 [12코]
- **30단** (줄이기) × 6 [6코]

실을 자르고 돗바늘 마무리합니다.

가지 잎 받침 뜨기

초록색 뜨개실을 사용합니다.
- **1단** 실고리로 원형코 만들기, 짧은뜨기 6 [6코]
- **2단** 각 코에 짧은뜨기 2 [12코]
- **3단** (짧은뜨기 1, 다음 코에 짧은뜨기 2) × 6 [18코]
- **4단** (짧은뜨기 2, 다음 코에 짧은뜨기 2) × 6 [24코]
- **5단** (짧은뜨기 1, 사슬뜨기 6, 바늘로부터 두 번째 사슬에서 시작, 긴뜨기 1, 한길긴뜨기 1, 두길긴뜨기 2, 한길긴뜨기 1, 잎 받침에서 2코 건너뛰기, 빼뜨기 1, 짧은뜨기 1) × 5 (총 5개의 잎) ❶~⓫

바느질하기 위해 실을 길게 남기고 자른 뒤 마무리합니다.

초록색 실을 길게 자르고, 돗바늘로 4단과 5단 사이의 벌어진 틈을 바느질합니다. ⑫~⑭
다음 잎에 닿도록 뒷면의 실밥 사이를 꿰맵니다. ⑮
매듭을 단단히 매고 실 꼬리를 자릅니다. ⑯

줄기 꼭지 뜨기

초록색 뜨개실을 사용합니다.
1단 실고리로 원형코 만들기, 짧은뜨기 5 [5코]
2-5단 짧은뜨기 5

바느질하기 위해 실을 길게 남기고 자른 뒤 마무리합니다.

편물 조립하기

1. 가지 잎 받침을 가지 상단 부분에 놓고, 가장자리를 시침핀으로 고정합니다. ❶ ❷
   가장자리 둘레를 돗바늘로 꿰맵니다. 매듭을 맨 후 가지 안에 실을 숨깁니다. ❸~❺

2. 가지 줄기 꼭지를 잎 부분 원형뜨기 단에 놓고 꿰맨 후 매듭을 단단히 맵니다. ❻~❽

양파 Onion

완성된 크기
- 대략 높이 9cm × 너비 9cm

재료
- 우스티드 웨이트 실: 황갈색, 하얀색
- G/4.25mm 사이즈 코바늘
- 9mm 나사형 인형눈 한 세트
- 검은색 자수 실과 작은 자수바늘
- 솜
- 돗바늘
- 가위
- 스티치마커
- 시침핀(선택사항 - 상단편을 조립 시 유용)

사용기법
- 원형코 만들기(MR)
- 원형뜨기(R)
- 짧은뜨기(Sc)
- 코(Sts)
- 줄이기(Inv Dec)
- 사슬뜨기(Ch)
- 빼뜨기(Sl St)
- 긴뜨기(Hdc)
- 한길긴뜨기(Dc)
- A+B=A, B를 1코에 모두 뜹니다.

도안 참고
- 원형뜨기 단을 반복해서 뜹니다.

양파 몸통 뜨기

황갈색 뜨개실을 사용합니다.

1단 실고리로 원형코 만들기, 짧은뜨기 6 [6코]
2단 각 코에 짧은뜨기 2 [12코]
3단 (짧은뜨기 1, 다음 코에 짧은뜨기 2) × 6 [18코]
4단 (짧은뜨기 2, 다음 코에 짧은뜨기 2) × 6 [24코]
5단 (짧은뜨기 3, 다음 코에 짧은뜨기 2) × 6 [30코]
6단 (짧은뜨기 4, 다음 코에 짧은뜨기 2) × 6 [36코]
7단 (짧은뜨기 5, 다음 코에 짧은뜨기 2) × 6 [42코]
8-15단 짧은뜨기 42
나사형 인형눈을 끼우고 입을 수놓습니다.
16단 (짧은뜨기 5, 줄이기) × 6 [36코]
17단 (짧은뜨기 4, 줄이기) × 6 [30코]
18단 짧은뜨기 30
안에 솜을 채우고 계속 진행합니다.
19단 (짧은뜨기 3, 줄이기) × 6 [24코]
20단 (짧은뜨기 2, 줄이기) × 6 [18코]
21단 (짧은뜨기 1, 줄이기) × 6 [12코]
22단 (줄이기) × 6 [6코]
실을 자르고 돗바늘 마무리합니다.

하얀 뿌리 부분 추가하기

하얀색 실을 8줄 정도 자릅니다. ❷
한쪽 끝은 매듭을 묶고, 다른 쪽 끝에는 돗바늘을 끼워 양파의 바닥 22단 주위를 통과시킨 후 실을 당깁니다. ❸~❺
나머지 실들도 동일하게 반복합니다. ❻
실을 원하는 길이로 자릅니다. ❼

양파 머리 뜨기

황갈색 뜨개실을 사용합니다.
사슬뜨기 12, 첫 번째 사슬에 빼뜨기로 연결하여 원형 만들기, 사슬뜨기 1 ❶~❹
1단 (한길긴뜨기 1 + 긴뜨기 1, 빼뜨기 1)×6 ❺ ❻

바느질하기 위해 실을 길게 남기고 자른 뒤 마무리합니다. ❼ ❽

양파 머리 부분을 양파 윗부분의 원형뜨기 단 주변에 올려놓습니다. ❾ ❿
돗바늘로 그 자리를 꿰매 연결합니다. 매듭을 단단히 묶그 양파 안어 실을 숨깁니다. ⓫

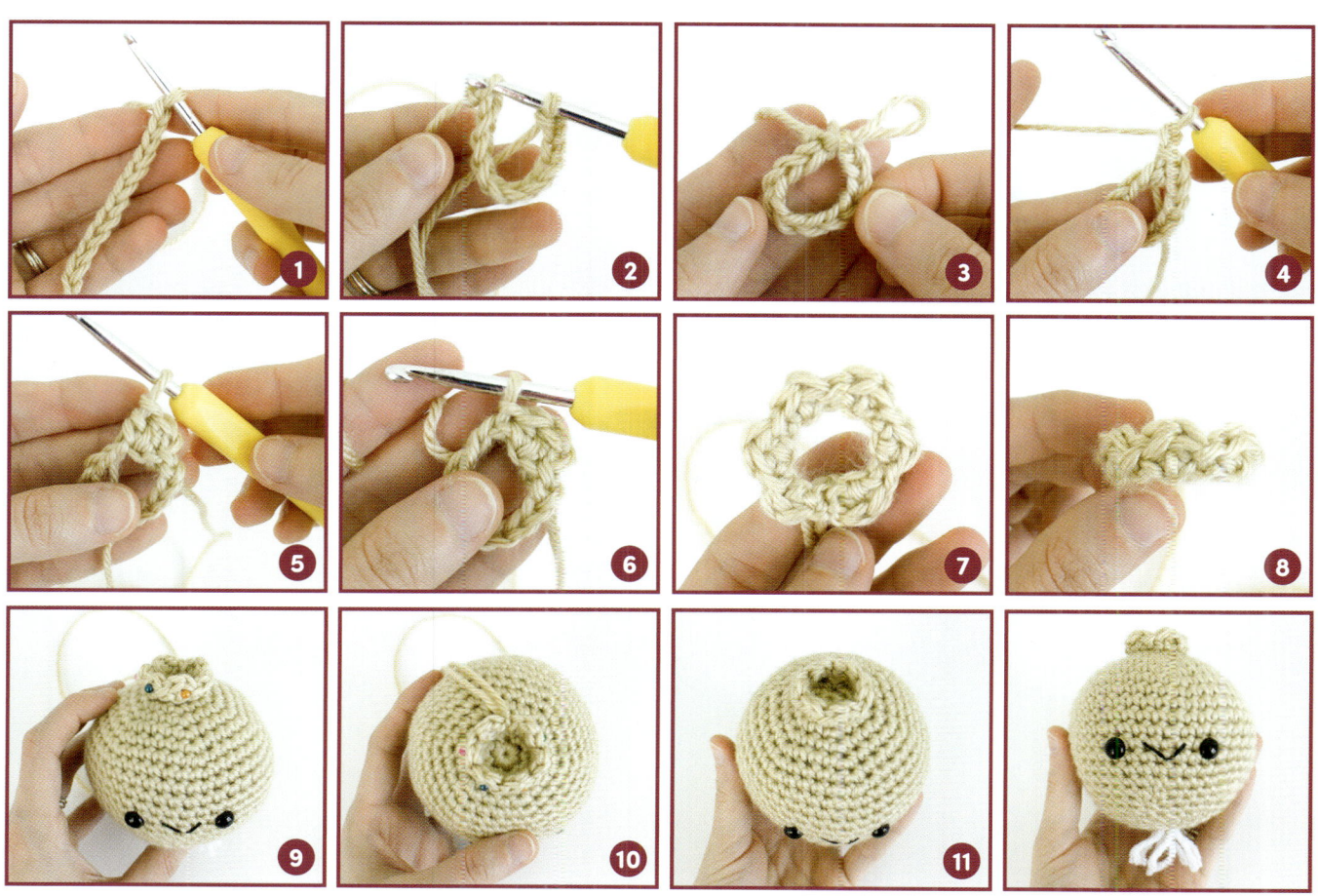

복숭아 Peach

완성된 크기
- 대략 높이 9cm × 너비 7.6cm

재료
- 우스티드 웨이트 실: 복숭아색, 갈색, 초록색
- G/4.25mm 사이즈 코바늘
- 9mm 나사형 인형눈 한 세트
- 검은색 자수 실과 작은 자수바늘
- 솜
- 돗바늘
- 가위
- 스티치마커
- 선택사항:
  • 볼터치 - 분홍색 펠트 또는 분홍색 자수 실과 사이즈 E 코바늘(3.5mm)로 뜨기

사용기법
- 원형코 만들기(MR)
- 원형뜨기(R)
- 짧은뜨기(Sc)
- 코(Sts)
- 줄이기(Inv Dec)
- 사슬뜨기(Ch)
- 긴뜨기(Hdc)
- 한길긴뜨기(Dc)
- 두길긴뜨기(Tr)

도안 참고
- 원형뜨기 단을 반복해서 뜹니다.

복숭아 몸통 뜨기

복숭아색 뜨개실을 사용합니다.

1단 실고리로 원형코 만들기, 짧은뜨기 6 [6코]
2단 각 코에 짧은뜨기 2 [12코]
3단 (짧은뜨기 1, 다음 코에 짧은뜨기 2) × 6 [18코]
4단 (짧은뜨기 2, 다음 코에 짧은뜨기 2) × 6 [24코]
5단 (짧은뜨기 3, 다음 코에 짧은뜨기 2) × 6 [30코]
6단 (짧은뜨기 4, 다음 코에 짧은뜨기 2) × 6 [36코]
7단 (짧은뜨기 5, 다음 코에 짧은뜨기 2) × 6 [42코]
8-13단 짧은뜨기 42

나사형 인형눈을 끼우고 입을 수놓습니다.

14단 (짧은뜨기 5, 줄이기) × 6 [36코]
15단 (짧은뜨기 4, 줄이기) × 6 [30코]
16단 (짧은뜨기 3, 줄이기) × 6 [24코]

안에 솜을 채우고 계속 진행합니다.

17단 짧은뜨기 24
18단 (짧은뜨기 2, 줄이기) × 6 [18코]
19단 (짧은뜨기 1, 줄이기) × 6 [12코]
20단 (줄이기) × 6 [6코]

바느질하기 위해 실을 길게 남기고 자른 뒤 돗바늘 마무리합니다.

오목하게 들어가게 뜨기

1. 돗바늘로 길게 남긴 실을 복숭아 하단(20단) 정중앙에 꽂습니다. ❷
    바늘을 상단의 원형코 단 중심부(1단)를 통과시켜
    부드럽게 잡아당깁니다. ❸
2. 실을 한쪽에 그대로 내려놓고 다시 20단 가운데에 바늘을 꽂습니다. ❹❺
3. 바늘을 다시 상단의 원형코 단 중심부(1단)까지 통과시켜 뺍니다. ❻
4. 같은 방법으로 다시 실을 가져와 20단 가운데에 바늘을 꽂습니다. ❼
5. 실 꼬리는 복숭아 상단 꼭대기에서 끝냅니다. ❽
    매듭을 묶어 실을 자르고, 복숭아 몸통 안에 실을 숨깁니다. ❾ ❿

선택사항: ①과 ② 중에 선택합니다.

① 펠트 볼터치 - 분홍색 펠트지로 두 개의 작은 동그라미를 오려 나사형 인형눈 주변에 바느질합니다.

② 자수 볼터치 - 사이즈 E 코바늘(3.5mm)과 분홍색 자수 실로 뜹니다.
1단 실고리로 원형코 만들기, 짧은뜨기 7
실을 자르고 마무리합니다. 나사형 인형눈 주위에 바느질합니다.

줄기 뜨기

갈색 뜨개실을 사용합니다.
1단 실고리로 원형코 만들기, 짧은뜨기 5 [5코]
2-6단 짧은뜨기 5
바느질하기 위해 실을 길게 남기고 자른 뒤 마무리합니다.

줄기를 복숭아의 원형코 단(1단) 위에 올려놓고, 돗바늘로 꿰맵니다.

잎사귀 뜨기

초록색 뜨개실 사용해 사슬뜨기 9코를 뜹니다.
1단 바늘로부터 두 번째 사슬에서 시작,
짧은뜨기 1, 긴뜨기 1, 한길긴뜨기 1, 두길긴뜨기 2, 한길긴뜨기 1, 긴뜨기 1, 짧은뜨기 1 [8코]

※ 위에서 쉼표는 다음 사슬을 나타냅니다.
[예] 바늘로부터 두 번째 사슬에 짧은뜨기 1, 다음 사슬에 긴뜨기, 사슬 끝에 도달할 때까지 등등 ❶~❺

바느질하기 위해 실을 길게 남기고 자른 뒤 마무리합니다.
잎사귀를 줄기 가까이에 연결합니다. ❻

파인애플 Pineapple

 ### 완성된 크기
- 대략 높이 21.6cm × 너비 10cm

 ### 재료
- 우스티드 웨이트 실: 금황색, 초록색
- G/4.25mm 사이즈 코바늘
- 9mm 나사형 인형눈 한 세트
- 검은색 자수 실과 작은 자수바늘
- 솜
- 돗바늘
- 가위
- 스티치마커
- 시침핀(선택사항 - 상단 편물 조각 조립 시 유용)

옵션사항(작은 플라스틱 펠릿(알갱이) 주머니(166p 2번 사진 참조)

 ### 사용기법
- 원형코 만들기(MR)
- 원형뜨기(R)
- 짧은뜨기(Sc)
- 코(Sts)
- 줄이기(Inv Dec)

 ### 도안 참고
- 원형뜨기 단을 반복해서 뜹니다.
- 파인애플은 아래서부터 위로 뜹니다. 반드시 나사형 인형눈을 끼운 후 입을 수놓습니다.
- 파인애플이 견고한 형태를 갖추려면 솜을 채우기 전에 파인애플 밑부분에 플라스틱 펠릿(알갱이) 주머니를 넣어주는 게 좋습니다. 주로 미술 공예용품 가게 또는 인조 섬유 솜을 판매하는 곳에서 구입할 수 있습니다.

파인애플 몸통 뜨기

금황색 뜨개실을 사용합니다.

1단 실고리로 원형코 만들기, 짧은뜨기 6 [6코]
2단 각 코에 짧은뜨기 2 [12코]
3단 (짧은뜨기 1, 다음 코에 짧은뜨기 2) × 6 [18코]
4단 (짧은뜨기 2, 다음 코에 짧은뜨기 2) × 6 [24코]
5단 (짧은뜨기 3, 다음 코에 짧은뜨기 2) × 6 [30코]
6단 (짧은뜨기 4, 다음 코에 짧은뜨기 2) × 6 [36코]
7단 (짧은뜨기 5, 다음 코에 짧은뜨기 2) × 6 [42코]
8단 (짧은뜨기 6, 다음 코에 짧은뜨기 2) × 6 [48코]
9-24단 짧은뜨기 48
나사형 인형눈을 끼우고 입을 수놓습니다. ❶
25단 (짧은뜨기 6, 줄이기) × 6 [42코]
26단 (짧은뜨기 5, 줄이기) × 6 [36코]
27단 (짧은뜨기 4, 줄이기) × 6 [30코]

여기에서 플라스틱 펠릿 주머니를 밑부분에 넣습니다. ❷
안에 솜을 채우고 계속 진행합니다. ❸

28단 (짧은뜨기 3, 줄이기) × 6 [24코]
29단 (짧은뜨기 2, 줄이기) × 6 [18코]
30단 (짧은뜨기 1, 줄이기) × 6 [12코]
31단 (줄이기) × 6 [6코]
실을 자르고 돗바늘 마무리합니다.

파인애플 상단 줄기 뜨기

중간 줄기 잎 4개 뜨기
초록색 뜨개실을 사용합니다.
1단 실고리로 원형코 만들기, 짧은뜨기 6 [6코]
2단 짧은뜨기 6
3단 각 코에 짧은뜨기 2 [12코]
4-13단 짧은뜨기 12
14단 (짧은뜨기 1, 줄이기) × 4 [8코]
바느질하기 위해 실을 길게 남기고 자른 뒤 마무리합니다.
안에 솜을 채웁니다.

큰 줄기 잎 4개 뜨기
초록색 뜨개실을 사용합니다.
1단 실고리로 원형코 만들기, 짧은뜨기 6 [6코]
2단 짧은뜨기 6
3단 각 코에 짧은뜨기 2 [12코]
4-16단 짧은뜨기 12
17단 (짧은뜨기 1, 줄이기) × 4 [8코]
바느질하기 위해 실을 길게 남기고 자른 뒤 마무리합니다.
안에 솜을 채웁니다.

편물 조립하기

1. 파인애플 위에 큰 줄기 잎 1개와 양쪽에 중간 줄기 잎 2개를 올려놓습니다. 돗바늘로 그 위치에 그대로 꿰맵니다. ❶ ❷
2. 남은 큰 줄기 잎 1개와 중간 줄기 잎 2개를 뒤에 놓고 그대로 꿰매 연결합니다. ❸ ❹
3. 앞에서 연결한 줄기 잎들 뒤에 남아 있는 큰 줄기 잎 2개를 꿰맵니다. ❺~❼

토마토 Tomato

 ### 완성된 크기
✗ 대략 높이 7.6cm × 너비 9cm

 ### 재료
✗ 우스티드 웨이트 실: 빨간색, 초록색
✗ G/4.25㎜ 사이즈 코바늘
✗ 9mm 나사형 인형눈 한 세트
✗ 검은색 자수 실과 작은 자수바늘
✗ 솜
✗ 돗바늘
✗ 가위
✗ 스티치마커
✗ 시침핀(선택사항 - 상단편물 조립 시 유용)

 ### 사용기법
✗ 원형코 만들기(MR)
✗ 원형뜨기(R)
✗ 짧은뜨기(Sc)
✗ 코(Sts)
✗ 줄이기(Inv Dec)
✗ 사슬뜨기(Ch)
✗ 빼뜨기(Sl St)

 ### 도안 참고
✗ 원형뜨기 단을 반복해서 뜹니다.

토마토 뜨기

빨간색 뜨개실을 사용합니다.

1단 실고리로 원형코 만들기, 짧은뜨기 6 [6코]
2단 각 코에 짧은뜨기 2 [12코]
3단 (짧은뜨기 1, 다음 코에 짧은뜨기 2) × 6 [18코]
4단 (짧은뜨기 2, 다음 코에 짧은뜨기 2) × 6 [24코]
5단 (짧은뜨기 3, 다음 코에 짧은뜨기 2) × 6 [30코]
6단 (짧은뜨기 4, 다음 코에 짧은뜨기 2) × 6 [36코]
7단 (짧은뜨기 5, 다음 코에 짧은뜨기 2) × 6 [42코]
8단 (짧은뜨기 6, 다음 코에 짧은뜨기 2) × 6 [48코]
9-16단 짧은뜨기 48
나사형 인형눈을 끼우고 입을 수놓습니다.
17단 (짧은뜨기 6, 줄이기) × 6 [42코]
18단 (짧은뜨기 5, 줄이기) × 6 [36코]
19단 (짧은뜨기 4, 줄이기) × 6 [30코]
20단 (짧은뜨기 3, 줄이기) × 6 [24코]
안에 솜을 채우고 계속 진행합니다.
21단 (짧은뜨기 2, 줄이기) × 6 [18코]
22단 (짧은뜨기 1, 줄이기) × 6 [12코]
23단 (줄이기) × 6 [6코]
실을 자르고 돗바늘 마무리합니다.

꼭지 잎 뜨기

초록색 뜨개실을 사용합니다.

1단 실고리로 원형코 만들기, 짧은뜨기 6 [6코]
2단 각 코에 짧은뜨기 2 [12코]
3단 (짧은뜨기 1, 사슬뜨기 3, 바늘로부터 두 번째 사슬에서 시작, 짧은뜨기 2, 첫 번째 뜬 짧은뜨기에 빼뜨기 1, 짧은뜨기 1) × 6 (6개의 잎) ❶~❼

바느질하기 위해 실을 길게 남기고 자른 뒤 마무리합니다.

토마토 위에 꼭지 잎 부분을 올려놓습니다. ❽
바늘을 잎과 토마토에 모두 꽂고, 바늘을 잎 편물 조각 위로 꺼내 올립니다. ❾ ❿
돗바늘로 2단과 3단 사이를 바느질합니다. ⓫
2단과 3단 사이에 바느질 선이 만들어집니다. ⓬ ⓭

매듭을 단단히 매고 토마토 안에 실을 숨깁니다.

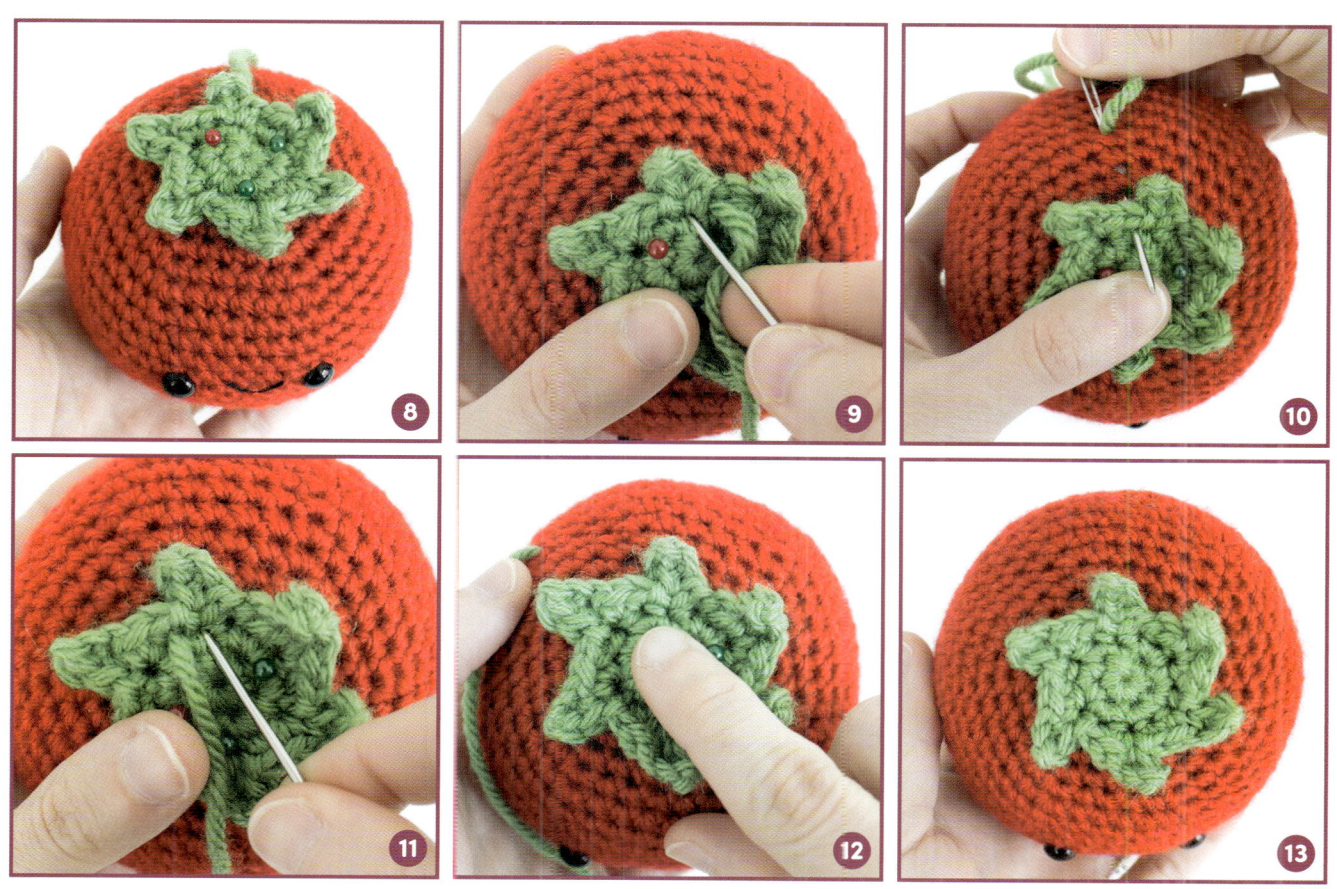

이 책의 저자인 로렌 에스피는 코바늘 인형을 만드는 데 전념하는 'A Menagerie of Stitches'의 대표이자 디자이너입니다. 아미구루미에 대한 그녀의 사랑은 그녀가 할머니로부터 어느 크리스마스에 코바늘 세트와 아미구루미 관련 책을 선물로 받게 되면서 시작되었습니다.
2009년에 크로셰를 독학해 빠르게 그녀만의 패턴을 디자인하기 시작하면서 자신만의 독특한 스타일을 만들었고, 2015년에 'A Menagerie of Stitches'를 오픈한 후 크로셰 패턴뿐만 아니라 완제품도 판매하고 있습니다.
현재 미국 테네시에서 남편 칼과 두 아기와 함께 살고 있습니다.

홈페이지   www.amenagerieofstitches.com
인스타그램   @amenagerieofstitches